# CARTAS E CRÔNICAS

FRANCISCO CÂNDIDO XAVIER

# Cartas e Crônicas

*Pelo Espírito*
**Irmão X**

FEB

*Copyright* © 1966 *by*
FEDERAÇÃO ESPÍRITA BRASILEIRA – FEB

14ª edição – 10ª impressão – 500 exemplares – 12/2024

ISBN 978-85-7328-816-2

Todos os direitos reservados. Nenhuma parte desta publicação pode ser reproduzida, armazenada ou transmitida, total ou parcialmente, por quaisquer métodos ou processos, sem autorização do detentor do *copyright*.

FEDERAÇÃO ESPÍRITA BRASILEIRA – FEB
SGAN 603 – Conjunto F – Avenida L2 Norte
70830-106 – Brasília (DF) – Brasil
www.febeditora.com.br
editorial@febnet.org.br
+55 61 2101 6161

Pedidos de livros à FEB
Comercial
Tel.: (61) 2101 6161 – comercial@febnet.org.br

MISTO
Papel | Apoiando o manejo florestal responsável
FSC
www.fsc.org
FSC® C112836

Adquirindo esta obra, você está colaborando com as ações de assistência e promoção social da FEB e com o Movimento Espírita na divulgação do Evangelho de Jesus à luz do Espiritismo.

Dados Internacionais de Catalogação na Publicação (CIP)
(Federação Espírita Brasileira – Biblioteca de Obras Raras)

169c    Irmão X (Espírito)

          Cartas e crônicas / pelo Espírito Irmão X; [psicografado por] Francisco Cândido Xavier. – 14. ed. – 10. imp. – Brasília: FEB, 2024.

          168 p.; 21 cm – (Coleção Humberto de Campos / Irmão X)

          ISBN 978-85-7328-816-2

          1. Espiritismo. 2. Obras psicografadas. I. Xavier, Francisco Cândido, 1910–2002. II. Federação Espírita Brasileira. III. Título. IV. Coleção.

                              CDD 133.93
                              CDU 133.7
                              CDE 80.01.00

# Sumário

Dedicatória ..........7
1 Lição nas trevas ..........9
2 As três orações ..........11
3 A petição de Jesus ..........13
4 Treino para a morte ..........17
5 O caminho do Reino ..........21
6 Tragédia no circo ..........25
7 Consciência espírita ..........29
8 Obsessão pacífica ..........33
9 Curiosa experiência ..........37
10 Amor e auxílio ..........41
11 Serviço e tempo ..........45
12 Espiritismo e divulgação ..........49
13 Explicação de amigo ..........53
14 Comunicações ..........57
15 Auxílio do Senhor ..........61

16 Belarmino Bicas ...............65
17 Influência do bem ...............69
18 Veneno livre ...............73
19 Em torno da paz ...............77
20 Nota explicativa ...............81
21 Acerca da pena de morte ...............85
22 Provações ...............89
23 A estaca zero ...............93
24 Respondendo ...............99
25 Na hora da cruz ...............103
26 Carta estimulante ...............107
27 A caridade maior ...............111
28 Kardec e Napoleão ...............115
29 Bichinhos ...............121
30 O servo insaciável ...............125
31 O grupo reajustado ...............129
32 No reino doméstico ...............133
33 Anotação simples ...............137
34 O grande ceifador ...............141
35 Carta de um morto ...............145
36 No aprendizado comum ...............149
37 Mensagem breve ...............153
38 Explicando ...............157
39 Versão moderna ...............161
40 Oração diante do tempo ...............165

# Dedicatória

Num belo apólogo, conta Rabindranath Tagore[1] que um lavrador, a caminho de casa, com a colheita do dia, notou que, em sentido contrário, vinha suntuosa carruagem, revestida de estrelas. Contemplando-a, fascinado, viu-a estacar junto dele e, semiestarrecido, reconheceu a presença do Senhor do mundo, que saiu dela e estendeu-lhe a mão a pedir-lhe esmolas...
— O quê? – refletiu espantado. — O Senhor da Vida a rogar-me auxílio, a mim, que nunca passei de mísero escravo, na aspereza do solo?
Conquanto excitado e mudo, mergulhou a mão no alforje de trigo que trazia e entregou ao divino Pedinte apenas um grão da preciosa carga.
O Senhor agradeceu e partiu.
Quando, porém, o pobre homem do campo tornou a si do próprio assombro, observou que doce claridade vinha do alforje poeirento... O grânulo de trigo, do qual fizera sua dádiva, tornara à sacola, transformado em pepita de ouro luminescente...

---

[1] N.E.: (1861-1941) Poeta, contista, dramaturgo e crítico de arte hindu, nascido em Calcutá.

Deslumbrado, gritou:
— Louco que fui!... Por que não dei tudo o que tenho ao Soberano da Vida?

~

Na atualidade da Terra, quando o materialismo compromete edificações veneráveis da fé, no caminho dos homens, sabemos que o Cristo pede cooperação para a sementeira do Evangelho redivivo que a Doutrina Espírita veicula. E, entregando este livro humilde à circulação das ideias renovadoras – trabalho despretensioso que não chega a valer um grão de trigo da verdade –, imagino nestas cartas e crônicas, que passo às mãos do leitor amigo, um punhado de acendalhas para o lume da Nova Revelação, e repito, reverente, ante a bondade do Eterno Amigo:

— Ah! Senhor!... Compreendo a significação de teus apelos e a grandeza de tua munificência, mas perdoa ao pequenino servo que sou, se nada mais tenho de mim para te dar!...

IRMÃO X
*Uberaba (MG), 18 de abril de 1966.*

## ~ 1 ~
## Lição nas trevas

No vale das trevas, delirava a legião de Espíritos infelizes. Rixas, obscenidades, doestos, baldões. Planejavam-se assaltos, maquinavam-se crimes.

O Espírito benfeitor penetrou a caverna, apaziguando e abençoando...

Aqui, abraçava um desventurado, apartando-o da malta, de modo a entregá-lo, mais tarde, a equipes socorristas; mais adiante, aliviava com suave magnetismo a cabeça atormentada de entidades em desvario...

O serviço assistencial seguia difícil, quando enfurecido mandante da crueldade, ao descobri-lo, se aquietou em súbita acalmia e, impondo respeitosa serenidade à chusma de loucos, declinou-lhe a nobre condição. Que os companheiros rebelados se acomodassem, deixando livre passagem àquele que reconhecia por missionário do bem.

— Conheces-me? – interrogou o recém-chegado, entre espantado e agradecido.

— Sim — disse o rude empreiteiro da sombra —, eu era um doente na Terra e curaste meu corpo que a moléstia desfigurava. Lembro-me perfeitamente de teu cuidado ao lavar-me as feridas...
Os circunstantes entraram na conversação de improviso e um deles, de dura carranca, apontou o visitador e clamou para o amigo:
— Que mais te fez este homem no mundo para que sejamos forçados à deferência?
— Deu-me teto e agasalho.
Outro inquiriu:
— Que mais?
— Supriu minha casa de pão e roupa, libertando-nos, a mim e a família, da nudez e da fome...
Outro ainda perguntou com ironia:
— Mais nada?
— Muitas vezes, dividia comigo o que trazia na bolsa, entregando-me abençoado dinheiro para que a penúria não me arrasasse...
Estabelecido o silêncio, o Espírito benfeitor, encorajado pelo que ouvia, indagou com humildade:
— Meu irmão, nada fiz senão cumprir o dever que a fraternidade me impunha; entretanto, se te mostras tão generoso para comigo, em tuas manifestações de reconhecimento e de amor que reconheço não merecer, por que te entregas, assim, à obsessão e à delinquência?!...
O interpelado pareceu sensibilizar-se, meneou tristemente a cabeça e explicou:
— Em verdade, és bom e amparaste a minha vida, mas não me ensinaste a viver!...

～

Espíritas, irmãos! Cultivemos a divulgação da Doutrina renovadora que nos esclarece e reúne! Com o pão do corpo, estendamos a luz da alma que nos habilite a aprender e compreender, raciocinar e servir.

## ~ 2 ~
## As três orações

Instado pela assembleia de amigos a falar sobre a resposta do Criador às preces das criaturas, respondeu o velho Simão Abileno, instrutor cristão, considerado no plano espiritual como mestre do apólogo e da síntese:

— Repetirei para vocês, a nosso modo, antiga lenda que corre mundo nos contos populares de numerosos países... Em grande bosque da Ásia Menor, três árvores ainda jovens pediram a Deus lhes concedesse destinos gloriosos e diferentes. A primeira explicou que aspirava a ser empregada no trono do mais alto soberano da Terra; após ouvi-la, a segunda declarou que desejava ser utilizada na construção do carro que transportasse os tesouros desse rei poderoso, e a terceira, por último, disse então que almejava transformar-se numa torre, nos domínios desse potentado, para indicar o caminho do Céu. Depois das preces formuladas, um mensageiro angélico desceu à mata e avisou que o Todo-Misericordioso lhes recebera as rogativas e lhes atenderia às petições. Decorrido muito tempo, lenhadores invadiram o horto selvagem, e as árvores, com grande pesar de todas as plantas circunvizinhas, foram reduzidas a troncos, despidos por mãos cruéis. Arrastadas para fora do ambiente familiar, ainda mesmo com os braços decepados, elas confiaram nas promessas do Supremo Senhor e se deixaram conduzir com paciência e humildade. Qual não lhes foi, porém, a aflitiva surpresa!... Depois de muitas viagens, a primeira caiu sob o poder de um criador de animais que, de imediato, mandou convertê-la num grande cocho destinado à alimentação de carneiros; a segunda foi adquirida por um velho praiano que construía barcos por encomenda; e a terceira foi comprada e recolhida para servir, em momento oportuno, numa cela de malfeitores. As árvores amigas, conquanto separadas e sofredoras, não deixaram de acreditar na mensagem do Eterno e obedeceram sem queixas às ordens inesperadas que as leis da vida lhes impunham... No bosque, contudo, as outras plantas tinham perdido a fé no valor da oração, quando, transcorridos muitos anos, vieram a saber que as três árvores haviam obtido as concessões gloriosas solicitadas... A primeira, forrada de panos singelos, recebera Jesus das mãos de Maria de Nazaré, servindo de berço ao Dirigente mais alto do mundo; a segunda, trabalhando com pescadores, na forma de uma barca valente e pobre, fora o veículo de que Jesus se utilizou para transmitir sobre as águas muitos dos seus mais belos ensinamentos; e a terceira, convertida apressadamente numa cruz em Jerusalém, seguira com Ele, o Senhor, para o monte e, ali, ereta e valorosa, guardara-lhe o coração torturado, mas repleto de amor no extremo sacrifício, indicando o verdadeiro caminho do reino celestial...

Simão silenciou comovido.

E, depois de longa pausa, terminou, a entremostrar os olhos marejados de pranto:

— Em verdade, meus amigos, todos nós podemos endereçar a Deus, em qualquer parte e em qualquer tempo, as mais variadas preces; no entanto, nós todos precisamos cultivar paciência e humildade para esperar e compreender as respostas de Deus.

~ 3 ~
## A petição de Jesus

... E Jesus, retido por deveres constrangedores, junto da multidão, em Cafarnaum, falou a Simão, num gesto de bênção:
— Vai, Pedro! Peço-te!... Vai à casa de Jeremias, o curtidor, para ajudar. Sara, a filha dele, prostrada no leito, tem a cabeça conturbada e o corpo abatido... Vai sem delonga, ora ao lado dela, e o Pai, a quem rogamos apoio, socorrerá a doente por tuas mãos.
Na manhã ensolarada, pôs-se o discípulo em marcha, entusiasmado e sorridente com a perspectiva de servir. À tarde, quando o Sol cedia as últimas posições à sombra noturna, vinha de retorno enunciando inquietação e pesar no rosto áspero.
— Ah! Senhor! – disse ao Mestre que lhe escutava os apontamentos. — Todo esforço baldado, tudo em vão!...
— Como assim?
E o Apóstolo explicou amargamente, qual se fora um odre de fel a derramar-se:
— A casa de Jeremias é um antro de perdição... Antes fosse um pasto selvagem. O abastado curtidor é um homem que

ajuntou dinheiro, a fim de corromper-se. De entrada, dei com ele bebericando vinho num paiol, a cuja porta bati, na esperança de obter informações para demandar o recinto doméstico. Não parecia um patriarca, e sim um gozador desavergonhado. Sentava--se na palha de trigo e, de momento a momento, colava os lábios ao gargalo de pesada botelha, desferindo gargalhadas, ao pé de serva bonita e jovem, que se refestelava no chão, positivamente embriagada... Ao receber-me, começou perguntando quantos piolhos trago à cabeça e acabou mandando-me ao primogênito... Saí à procura de Zoar, o filho mais idoso, e achei-o, enfurecido, no jogo de dados em que perdia largas somas para conhecido traficante de Jope. Acolheu-me aos berros, explicando que a sorte da irmã não lhe despertava o menor interesse... Por fim, expulsou-me aos coices, dando a ideia de uma besta-fera solta no campo... Afastava--me, apressado, quando esbarrei com a dona da casa. Dei-lhe a razão de minha presença; contudo, antes de atender-me, passou a espancar esquelética menina, alegando que a criança lhe havia surrupiado um figo, enquanto a pequena chorosa tentava esclarecer que a fruta havia sido devorada por galos de estimação... Somente após ensanguentar a vítima, resolveu a megera designar o aposento em que poderia avistar-me com a filha enferma...

    Ante o olhar melancólico do ouvinte, o discípulo prosseguiu:

    — A dificuldade, porém, não ficou nisso... Visivelmente transtornada por bagatela, a velha sovina errou na indicação, pois entrei numa alcova estreita, onde fui defrontado por Josué, o filho mais moço do curtidor, que mergulhava a mão num cofre de joias. Desagradavelmente surpreendido, fez-se amarelo de raiva, acreditando decerto que eu não passava de alguém a serviço da família, a fim de espionar-lhe os movimentos. Quando ergueu o braço para esmurrar-me, supliquei-lhe considerasse a minha situação de visitante em missão de paz e socorro fraterno... Embora contrafeito, conduziu-me ao quarto da irmã... Ah! Mestre, que tremenda desilusão!... Não duvido de que se trata de uma doente, mas, logo que me viu, a estranha criatura se tornou inconveniente, articulando gestos indecorosos e pronunciando frases indignas... Não aguentei mais... Fugi, horrorizado, e regressei pelo mesmo caminho...

Observando que o Amigo sublime se resguardava, triste e silencioso, volveu Simão, após comprido intervalo:

— Senhor, não fui, acaso, bastante claro? Porventura, não terei procurado cumprir-te honestamente os desejos? Seria justo, Mestre, pronunciar o nome de Deus, ali, entre vícios e deboche, avareza e obscenidade?

Jesus, porém, depois de fitar longamente o céu, a inflamar-se de lumes distantes, fixou no companheiro o olhar profundamente lúcido e exclamou com serenidade:

— Pedro, conheço Jeremias, a esposa e os filhos há muito tempo!... Quando te incumbi de ir ao encontro deles, apenas te pedi que auxiliasses!...

## 4
# Treino para a morte

Preocupado com a sobrevivência além do túmulo, você pergunta, espantado, como deveria ser levado a efeito o treinamento de um homem para as surpresas da morte.

A indagação é curiosa e realmente dá que pensar.

Creia, contudo, que, por enquanto, não é muito fácil preparar tecnicamente um companheiro à frente da peregrinação infalível.

Os turistas que procedem da Ásia ou da Europa habilitam futuros viajantes com eficiência, por lhes não faltarem os termos analógicos necessários. Mas nós, os desencarnados, esbarramos com obstáculos quase intransponíveis.

A rigor, a Religião deve orientar as realizações do espírito, assim como a Ciência dirige todos os assuntos pertinentes à vida material. Entretanto, a Religião, até certo ponto, permanece jungida ao superficialismo do sacerdócio, sem tocar a profundez da alma.

Importa considerar também que a sua consulta, em vez de ser encaminhada a grandes teólogos da Terra, hoje domiciliados na Espiritualidade, foi endereçada justamente a mim, pobre noticiarista sem méritos para tratar de semelhante inquirição.

Pode acreditar que não obstante achar-me aqui de novo, há quase vinte anos de contado, sinto-me ainda no assombro de um xavante[2], repentinamente trazido da selva mato-grossense para alguma de nossas universidades, com a obrigação de filiar-se, de inopino, aos mais elevados estudos e às mais complicadas disciplinas.

Em razão disso, não posso reportar-me senão ao meu próprio ponto de vista, com as deficiências do selvagem surpreendido junto à coroa da civilização.

Preliminarmente, admito deva referir-me aos nossos antigos maus hábitos. A cristalização deles, aqui, é uma praga tiranizante.

Comece a renovação de seus costumes pelo prato de cada dia. Diminua gradativamente a volúpia de comer a carne dos animais. O cemitério na barriga é um tormento, depois da grande transição. O lombo de porco ou o bife de vitela, temperados com sal e pimenta, não nos situam muito longe dos nossos antepassados, os tamoios[3] e os caiapós, que se devoravam uns aos outros.

Os excitantes largamente ingeridos constituem outra perigosa obsessão. Tenho visto muitas almas de origem aparentemente primorosa, dispostas a trocar o próprio Céu pelo uísque aristocrático ou pela nossa cachaça brasileira.

Tanto quanto lhe seja possível, evite os abusos do fumo. Infunde pena a angústia dos desencarnados amantes da nicotina.

Não se renda à tentação dos narcóticos. Por mais aflitivas lhe pareçam as crises do estágio no corpo, aguente firme os golpes da luta. As vítimas da cocaína, da morfina e dos barbitúricos demoram-se largo tempo na cela escura da sede e da inércia.

E o sexo? Guarde muito cuidado na preservação do seu equilíbrio emotivo. Temos aqui muita gente boa carregando consigo o inferno rotulado de "amor".

---

[2] N.E.: Indígena dos xavantes, índios de São Paulo, Goiás e Mato Grosso.
[3] N.E.: Índios tupis que habitavam o estado do Rio de Janeiro.

Se você possui algum dinheiro ou detém alguma posse terrestre, não adie doações, caso esteja realmente inclinado a fazê-las.

Grandes homens, que admirávamos no mundo pela habilidade e poder com que concretizavam importantes negócios, aparecem, junto de nós, em muitas ocasiões, à maneira de crianças desesperadas por não mais conseguirem manobrar os talões de cheque.

Em família, observe cautela com testamentos. As doenças fulminatórias chegam de assalto, e, se a sua papelada não estiver em ordem, você padecerá muitas humilhações nos tribunais e cartórios.

Sobretudo, não se apegue demasiado aos laços consanguíneos. Ame sua esposa, seus filhos e seus parentes com moderação, na certeza de que, um dia, você estará ausente deles e de que, por isso mesmo, agirão quase sempre em desacordo com a sua vontade, embora lhe respeitem a memória. Não se esqueça de que, no estado presente da educação terrestre, se alguns afeiçoados lhe registrarem a presença extraterrena, depois dos funerais, na certa intimá-lo-ão a descer aos infernos, receando-lhe a volta inoportuna.

Se você possui o tesouro de uma fé religiosa, viva de acordo com os preceitos que abraça. É horrível a responsabilidade moral de quem já conhece o caminho, sem equilibrar-se dentro dele.

Faça o bem que puder, sem a preocupação de satisfazer a todos. Convença-se de que se você não experimenta simpatia por determinadas criaturas, há muita gente que suporta você com muito esforço.

Por essa razão, em qualquer circunstância, conserve o seu nobre sorriso.

Trabalhe sempre, trabalhe sem cessar.

O serviço é o melhor dissolvente de nossas mágoas.

Ajude-se, pelo leal cumprimento de seus deveres.

Quanto ao mais, não se canse nem indague em excesso, porque, com mais tempo ou menos tempo, a morte lhe oferecerá o seu cartão de visita, impondo-lhe ao conhecimento tudo aquilo que, por agora, não lhe posso dizer.

## ~ 5 ~
## O caminho do Reino

Na tosca residência de Arão, o curtidor, dizia Jesus a Zacarias, dono de extensos vinhedos em Jericó:
— O reino de Deus será, por fim, a vitória do bem, no domínio dos homens!... O Sol cobrirá o mundo por manto de alegria luminosa, guardando a paz triunfante. Os filhos de todos os povos andarão vinculados uns aos outros, por meio do apoio mútuo. As guerras terão desaparecido, arredadas da memória, quais pesadelos que o dia relega aos precipícios da noite!... Ninguém se lembrará de exigir o supérfluo e nem se esquecerá de prover os semelhantes do necessário, quando o necessário se lhes faça preciso. A seara de um lavrador produzirá o bastante para o lavrador que não conseguiu as oportunidades da sementeira, e o teto de um irmão erguer-se-á igualmente como refúgio do peregrino sequioso de afeto, sem que a ideia do mal lhes visite a cabeça... A viuvez e a orfandade nunca mais derramarão sequer ligeira lágrima de sofrimento, porquanto a morte nada mais será que antecâmara da união no amor perpétuo que clareia o sem-fim. Os enfermos,

por mais aparentemente desvalidos, acharão leito repousante, e as moléstias do corpo deixarão de ser monstros que espreitam a moradia terrestre, para significarem simplesmente notícias breves das leis naturais no arcabouço das formas. O trabalho não será motivo de cativeiro, e sim privilégio sagrado da inteligência. A felicidade e o poder não marcarão o lugar dos que retenham ouro e púrpura, mas o coração daqueles que mais se empenham no doce contentamento de entender e servir. O lar não se erigirá em cadinho de provação, porque brilhará incessantemente por ninho de bênçãos, em cujo aconchego palpitarão as almas felizes que se encontram para bendizer a confiança e a ternura sem mácula. O homem sentir-se-á responsável pela tranquilidade comum, nos moldes da reta consciência, transfigurando a ação edificante em norma de cada dia; a mulher será respeitada, na condição de mãe e companheira, a que devemos, originariamente, todas as esperanças e regozijos que desabrocham na Terra, e as crianças serão consideradas por depósitos de Deus!... A dor de alguém será repartida, qual transitória sombra entre todos, tanto quanto o júbilo de alguém se espalhará na senda de todos, recordando a beleza do clarão estelar... A inveja e o egoísmo não mais subsistirão, visto que ninguém desejará para os outros aquilo que não aguarda em favor de si mesmo! Fontes deslizarão entre jardins, e frutos substanciosos penderão nas estradas, oferecendo-se à fome do viajor, sem pedir-lhe nada mais que uma prece de gratidão à bondade do Pai, uma vez que todas as criaturas alentarão consigo o anseio de construir o Céu na Terra que o Todo-Misericordioso lhes entregou!...

Deteve-se Jesus, contemplando a turba que o aplaudia, frenética, minutos depois da sua entrada em Jerusalém para as celebrações da Páscoa, e, notando que os israelitas se diferençavam entre si, a revelarem particularidades das regiões diversas de que procediam, acentuou:

— Quando atingirmos, coletivamente, o reino dos Céus, ninguém mais nascerá sob qualquer sinal de separação ou

discórdia, porque a humanidade se regerá pelos ideais e interesses de um mundo só!...
Enlevado, Zacarias fitou-o com ansiosa expectação e ponderou com respeito:
— Senhor, vim de Jericó para o culto às tradições de nossos antepassados; todavia, acima de tudo, aspirava a encontrar-te e ouvir-te... Envelheci, arando a gleba e sonhando com a paz!... Tenho vivido nos princípios de Moisés; no entanto, do fundo de minha alma, quero chegar ao reino de Deus, do qual te fazes mensageiro nos tempos novos!... Mestre! Mestre!... Para buscar-te percorri a trilha de minha estância até aqui, passo a passo... De vila em vila, de casa em casa, um caminho existe, claro, determinado... Qual é, porém, Senhor, o caminho para o reino de Deus?
— A estrada para o reino de Deus é uma longa subida... – começou Jesus, explicando.
Eis, contudo, que filas de manifestantes penetraram o recinto, interrompendo-lhe a frase e arrebatando-o à praça fronteiriça, recoberta de flores.

～

Zacarias, em êxtase, demandou o sítio de parentes, no vale de Hinom, demorando-se por dois dias em comentários entusiastas, ao redor das promessas e ensinos do Cristo, mas, de retorno à cidade, não surpreende outro quadro que não seja a multidão desvairada e agressiva... Não mais a glorificação, não mais a festa. Diante do ajuntamento, o Mestre, em pessoa, não mais querido. Aqueles mesmos que o haviam honorificado em cânticos de louvor apupavam-no agora com requintes de injúria.
O velho de Jericó, transido de espanto, viu que o amado Amigo, cambaleante e suarento, arrastava a cruz dos malfeitores... Ansiou abraçá-lo e esgueirou-se, dificilmente, suportando empuxões e zombarias do populacho... Rente ao madeiro, notou que um grupo de mulheres chorosas obrigava o Mestre a parada

imprevista e, antecedendo-se-lhes à palavra, ajoelhou-se diante dele e clamou:
— Senhor!... Senhor!...
Jesus retirou do lenho a destra ferida, afagou-lhe, por instantes, os cabelos que o tempo alvejara, lembrando o linho quando a estriga descansa junto da roca, e falou humilde:
— Sim, Zacarias, os que quiserem alcançar o reino de Deus subirão ladeira escabrosa...
Em seguida, denotou a atenção de quem escutava os insultos que lhe eram endereçados... Finda a pausa ligeira, apontou para o amigo, com um gesto, a poeira e o pedregulho que se avantajavam à frente e, como a recordar-lhe a pergunta que deixara sem resposta, afirmou com voz firme:
— Para a conquista do reino de Deus, este é o caminho...

## 6
# Tragédia no circo

Naquela noite, da época recuada de 177, o *concilium* de Lyon regurgitava de povo.

Não se tratava de nenhuma das assembleias tradicionais da Gália, junto ao altar do Imperador, e sim de compacto ajuntamento.

Marco Aurélio reinava, piedoso, e, embora não houvesse lavrado qualquer rescrito em prejuízo maior dos cristãos, permitira se aplicassem na cidade, com o máximo rigor, todas as leis existentes contra eles.

A matança, por isso, perdurava, terrível.

Ninguém examinava necessidades ou condições. Mulheres e crianças, velhos e doentes, tanto quanto homens válidos e personalidades prestigiosas, que se declarassem fiéis ao Nazareno eram detidos, torturados e eliminados sumariamente.

Por meio do espesso casario, a montante da confluência do Ródano e do Saône, multiplicavam-se prisões, e no sopé da encosta, mais tarde conhecida como colina de Fourvière, improvisara-se grande circo, levantando-se altas paliçadas em torno de enorme arena.

As pessoas representativas do mundo lionês eram sacrificadas no lar ou barbaramente espancadas no campo, enviando-se os desfavorecidos da fortuna, inclusive grande massa de escravos, ao regozijo público. As feras pareciam agora entorpecidas, após massacrarem milhares de vítimas, nas mandíbulas sanguissedentas. Em razão disso, inventavam-se tormentos novos. Verdugos inconscientes ideavam estranhos suplícios.

Senhoras cultas e meninas ingênuas eram desrespeitadas antes que lhes decepassem a cabeça; anciães indefesos viam-se chicoteados até a morte. Meninos apartados do reduto familiar eram vendidos a mercadores em trânsito, para servirem de alimárias domésticas em províncias distantes, e nobres senhores tombavam assassinados nas próprias vinhas.

Mais de vinte mil pessoas já haviam sido mortas.

~

Naquela noite, a que anteriormente nos referimos, anunciou-se para o dia seguinte a chegada de Lúcio Galo, famoso cabo de guerra, que desfrutava atenções especiais do Imperador por se haver distinguido contra a usurpação do general Avídio Cássio, e que se inclinava agora a merecido repouso.

Imaginaram-se, para logo, comemorações a caráter.

Por esse motivo, enquanto lá fora se acotovelavam gladiadores e jograis, o patrício Álcio Plancus, que se dizia descendente do fundador da cidade, presidia a reunião, a pedido do proprietor, programando os festejos.

— Além das saudações diante dos carros que chegarão de Viena – dizia, algo tocado pelo vinho abundante –, é preciso que o circo nos dê alguma cena de exceção... O lutador Setímio poderia arregimentar os melhores homens; contudo, não bastaria renovar o quadro de atletas...

— A equipe de dançarinas nunca esteve melhor – aventou Caio Marcelino, antigo legionário da Bretanha que se enriquecera no saque.
— Sim, sim... – concordou Álcio. — Instruiremos Musônia para que os bailados permaneçam à altura...
— Providenciaremos um encontro de auroques – lembrou Pérsio Níger.
— Auroques! Auroques!... – clamou a turba em aprovação.
— Excelente lembrança! – falou Plancus em voz mais alta.
— Mas, em consideração ao visitante, é imperioso acrescentar alguma novidade que Roma não conheça...
Um grito horrível nasceu da assembleia:
— Cristãos às feras! Cristãos às feras!
Asserenado o vozerio, tornou o chefe do conselho:
— Isso não constitui novidade! E há circunstâncias desfavoráveis. Os leões recém-chegados da África estão preguiçosos...
Sorriu com malícia e chasqueou:
— Claro que surpreenderam, nos últimos dias, tentações e viandas que o próprio Lúculo jamais encontrou no conforto de sua casa...
Depois das gargalhadas gerais, Álcio continuou, irônico:
— Ouvi, porém, alguns companheiros, ainda hoje, e apresentaremos um plano que espero resulte certo. Poderíamos reunir, nesta noite, aproximadamente mil crianças e mulheres cristãs, guardando-as nos cárceres... E, amanhã, coroando as homenagens, ajuntá-las-emos na arena, molhada de resinas e devidamente cercada de farpas embebidas em óleo, deixando apenas passagem estreita para a liberação das mais fortes. Depois de mostradas festivamente em público, incendiaremos toda a área, deitando sobre elas os velhos cavalos que já não sirvam aos nossos jogos... Realmente, as chamas e as patas dos animais formarão muitos lances inéditos...
— Muito bem! Muito bem! – rugiu a multidão, de ponta a ponta do átrio.
— Urge o tempo – gritou Plancus – e precisamos do concurso de todos... Não possuímos guardas suficientes...

E erguendo ainda mais o tom de voz:
— Levante a mão direita quem esteja disposto a cooperar.
Centenas de circunstantes, incluindo mulheres robustas, mostraram destra ao alto, aplaudindo em delírio.
Encorajado pelo entusiasmo geral, e desejando distribuir a tarefa com todos os voluntários, o dirigente da noite enunciou, sarcástico e inflexível:
— Cada um de nós traga um... Essas pragas jazem escondidas por toda a parte... Caçá-las e exterminá-las é o serviço da hora...
Durante a noite inteira, mais de mil pessoas, ávidas de crueldade, vasculharam residências humildes e, no dia subsequente, ao Sol vivo da tarde, largas filas de mulheres e criancinhas, em gritos e lágrimas, no fim de soberbo espetáculo, encontraram a morte, queimadas nas chamas alteadas ao sopro do vento, ou despedaçadas pelos cavalos em correria.

~

Quase dezoito séculos passaram sobre o tenebroso acontecimento... Entretanto, a justiça da Lei, por meio da reencarnação, reaproximou todos os responsáveis, que, em diversas posições de idade física, se reuniram de novo para dolorosa expiação, a 17 de dezembro de 1961[4], na cidade brasileira de Niterói, em comovedora tragédia num circo.

---

[4] N.E.: Em Niterói, cidade do Rio de Janeiro, minutos antes de terminar o espetáculo do Gran Circo Norte-americano, um incêndio tomou conta da lona. Em três minutos, o toldo, em chamas, caiu sobre os 2.500 espectadores. Esse fato transformou-se na maior tragédia ocorrida em circo no Brasil, com centenas de mortos e feridos.

## ~ 7 ~
# *Consciência espírita*

    Diz você que não compreende o motivo de tanta autocensura nas comunicações dos espíritas desencarnados. Fulano, que deixou a melhor ficha de serviço, volta a escrever, declarando que não agiu entre os homens como deveria; sicrano, conhecido por elevado padrão de virtudes, regressa, por vários médiuns, a lastimar o tempo perdido... E você acentua, depois de interessantes apontamentos: "Tem-se a impressão de que os nossos confrades tornam do Além, atormentados por terríveis complexos de culpa. Como explicar o fenômeno?".
    Creia, meu caro, que nutro pessoalmente pelos espíritas a mais enternecida admiração. Infatigáveis construtores do progresso, obreiros do Cristianismo redivivo. Tanta liberdade, porém, receberam para a interpretação dos ensinamentos de Jesus que, sinceramente, não conheço neste mundo pessoas de fé mais favorecidas de raciocínio, ante os problemas da vida e do universo. Carregando largos cabedais de conhecimento, é justo guardem eles a preocupação de realizar muito, e sempre mais, a favor de tantos irmãos da Terra, detidos por ilusões e inibições no capítulo da crença.

Conta-se que Allan Kardec, quando reunia os textos de que nasceria *O Livro dos Espíritos*, recolheu-se ao leito, certa noite, impressionado com um sonho de Lutero[5], de que tomara notícias. O grande reformador, em seu tempo, acalentava a convicção de haver estado no paraíso, colhendo informes sobre a felicidade celestial.

Comovido, o Codificador da Doutrina Espírita, durante o repouso, viu-se também fora do corpo, em singular desdobramento... Junto dele, identificou um enviado de planos sublimes que o transportou, de chofre, a nevoenta região, onde gemiam milhares de entidades em sofrimento estarrecedor. Soluços de aflição casavam-se a gritos de cólera; blasfêmias seguiam-se a gargalhadas de loucura.

Atônito, Kardec lembrou os tiranos da História e inquiriu espantado:

— Jazem aqui os crucificadores de Jesus?

— Nenhum deles – informou o guia solícito. — Conquanto responsáveis, desconheciam, na essência, o mal que praticavam. O próprio Mestre auxiliou-os a se desembaraçarem do remorso, conseguindo-lhes abençoadas reencarnações em que se resgataram perante a Lei.

— E os imperadores romanos? Decerto, padecerão nestes sítios aqueles mesmos suplícios que impuseram à humanidade...

— Nada disso. Homens da categoria de Tibério[6] ou Calígula[7] não possuíam a mínima noção de espiritualidade. Alguns deles,

---

[5] N.E.: (1483–1546) Teólogo e reformador alemão, foi o principal líder da Reforma, movimento religioso que, nas primeiras décadas do século XVI, levou à criação do Protestantismo, baseado na ideia de que o perdão divino é um dom a ser aceito e não um prêmio a ser conquistado.

[6] N.E.: Segundo imperador romano. Reforçou o caráter oligárquico do poder, passou ao Senado a prerrogativa de eleger os magistrados e enfrentou conspirações palacianas que resultaram em processos de lesa-majestade, execuções e suicídios. Submeteu Roma a um regime de terror, não combateu a corrupção e permitiu a libertinagem. Adotou Calígula e fez dele seu sucessor.

[7] N.E.: Imperador romano, cujo verdadeiro nome era Caius Caesar, neto

depois de estágios regenerativos na Terra, já se elevaram a esferas superiores, enquanto outros se demoram, até hoje, internados no campo físico, à beira da remissão.

— Acaso, andarão presos nestes vales sombrios – tornou o visitante – os algozes dos cristãos, nos séculos primitivos do Evangelho?

— De nenhum modo – replicou o lúcido acompanhante –; os carrascos dos seguidores de Jesus, nos dias apostólicos, eram homens e mulheres quase selvagens, apesar das tintas de civilização que ostentavam... Todos foram encaminhados à reencarnação, para adquirirem instrução e entendimento.

O Codificador do Espiritismo pensou nos conquistadores da Antiguidade, Átila[8], Aníbal[9], Alarico I[10], Gengis Khan[11]... Antes,

adotivo de Tibério e seu sucessor, famoso pelas inúmeras arbitrariedades e extravagâncias feitas em sua breve passagem pelo poder, tradicionalmente atribuídas a problemas mentais.

[8] N.E.: (≈406–453) Rei dos hunos, povo do leste europeu, nascido em local desconhecido, passou para a História como o Flagelo de Deus.

[9] N.E.: General e estrategista cartaginês, fundador do império cartaginês na Espanha e comandante da primeira guerra púnica contra os romanos. Famoso por sua genialidade, conta a lenda que aos 9 anos aprendeu a guerrear e jurou ódio eterno aos romanos. Em 183 a.c., para não ser preso pelos romanos, suicidou-se tomando veneno. As técnicas de combate inventadas por ele nas batalhas foram consagradas pela história dos conflitos bélicos.

[10] N.E.: (370–410) Rei dos visigodos, de 395 a 410, nascido na atual Romênia. Subjugou a Grécia e atacou a Itália, saqueando Roma e iniciando a queda do Império Romano.

[11] N.E.: Temudjin (1162–1227), conhecido na História como Gengis Khan, que significa soberano universal, foi conquistador, fundador do Império Mongol, dando início ao nascimento de uma nação, a Mongólia. Chegou a dominar quase toda a Ásia, apenas com exércitos de cavalaria, eliminando todos os aristocratas rivais da região para dar fim ao foco de resistência contra o seu desejo de obter a união de todas as tribos nômades do centro da Ásia, tornando-se o senhor da estepe. Com um inegável talento estrategista, organizador e líder, inicialmente foi um dominador implacável dos povos submetidos, destruidor

todavia, que enunciasse nova pergunta, o mensageiro acrescentou, respondendo-lhe à consulta mental:

— Não vagueiam, por aqui, os guerreiros que recordas... Eles nada sabiam das realidades do espírito e, por isso, recolheram piedoso amparo, dirigidos para o renascimento carnal, entrando em lides expiatórias, conforme os débitos contraídos...

— Então, dize-me – rogou Kardec, emocionado –, que sofredores são estes, cujos gemidos e imprecações me cortam a alma?

E o Orientador esclareceu imperturbável:

— Temos junto de nós os que estavam no mundo plenamente educados quanto aos imperativos do bem e da Verdade, e que fugiram deliberadamente da Verdade e do bem, especialmente os cristãos infiéis de todas as épocas, perfeitos conhecedores da lição e do exemplo do Cristo e que se entregaram ao mal por livre vontade... Para eles, um novo berço na Terra é sempre mais difícil...

Chocado com a inesperada observação, Kardec regressou ao corpo e, de imediato, levantou-se e escreveu a pergunta que apresentaria, na noite próxima, ao exame dos mentores da obra em andamento e que figura como a questão 642 de *O Livro dos Espíritos*: "Para agradar a Deus e assegurar a sua posição futura, bastará que o homem não pratique o mal?", indagação esta a que os instrutores retorquiram: "Não; cumpre-lhe fazer o bem, no limite de suas forças, porquanto responderá por todo o mal que haja resultado de não haver praticado o bem".

Segundo é fácil perceber, meu amigo, com princípios tão claros e tão lógicos, é natural que a consciência espírita, situada em confronto com as ideias dominantes nas religiões da maioria, seja muito diferente.

---

de cidades e mandante de execuções coletivas. Com a influência da civilização chinesa, moderou as tradicionais práticas de crueldade das hordas mongólicas.

## ~ 8 ~
## *Obsessão pacífica*

Quando reencontrei o meu amigo Custódio Saquarema na vida espiritual, depois da efusão afetiva de companheiros separados desde muito, a conversa se dirigiu naturalmente para comentários a respeito da nova situação.

Sabia Custódio pertencente a família espírita e, decerto, nessa condição, teria ele retirado o máximo de vantagens da existência que vinha de largar. Pensando nisso, arrisquei uma pergunta, na expectativa de sabê-lo com excelente bagagem para o ingresso em estâncias superiores. Saquarema, contudo, sorriu de modo vago e informou com a fina autocrítica que eu lhe conhecia no mundo:

— Ora, meu caro, você não avalia o que seja uma obsessão disfarçada, sem qualquer mostra exterior. A Terra me devolveu para cá, na velha base do "ganhou, mas não leva". Ajuntei muita consideração e muito dinheiro, no entanto, retorno muito mais pobre do que quando parti, no rumo da reencarnação...

Percebendo que não me dispunha a interrompê-lo, continuou:

— Você não ignora que renasci num lar espírita, mas, como sucede à maioria dos reencarnados, trazia comigo, jungidos ao meu clima psíquico, alguns sócios de vícios e extravagâncias do passado, que, sem o veículo de carne, se valiam de mim para se vincularem às sensações do plano terrestre, qual se eu fora uma vaca, habilitada a cooperar na alimentação e condução de pequena família... Creia que, de minha parte, havia retomado a charrua física, levando excelente programa de trabalho que, se atendido, me asseguraria precioso avanço para as vanguardas da luz. Entretanto, meus vampirizadores, ardilosos e inteligentes, agiam à socapa, sem que eu, nem de leve, lhes pressentisse a influência... E sabe como?

— ?...

— Por meio de simples considerações íntimas – prosseguiu Saquarema, desapontado. — Tão logo me vi saído da adolescência, com boa dose de raciocínios lógicos na cabeça, os instrutores amigos me exortaram, por meus pais, a cultivar o reino do espírito, referindo-se a estudo, abnegação, aprimoramento, mas, dentro de mim, as vozes de meus acompanhantes surgiam da mente como fios d'água fluindo de minadouro, propiciando-me a falsa ideia de que eu falava comigo mesmo: "Coisas da alma, Custódio? Nada disso. A sua hora é de juventude, alegria, sol... Deixe a filosofia para depois..." Decorrido algum tempo, bacharelei-me. As advertências do lar se fizeram mais altas, conclamando-me ao dever; entretanto, os meus seguidores, até então invisíveis para mim, revidavam também com a zombaria inarticulada: "Agora? Não é ocasião oportuna. De que maneira harmonizar a carreira iniciante com assuntos de religião? Custódio, Custódio!... Observe o critério das maiorias, não se faça de louco!...". Casei-me e, logo após, os chamados à espiritualização recrudesceram em torno de mim. Meus solertes exploradores, porém, comentaram, vivazes: "Não ceda, Custódio! E as responsabilidades de família? É preciso trabalhar, ganhar dinheiro, obter posição, zelar por mulher e filhos...". A morte subtraiu-me os pais, e eu, advogado e financista, já na idade madura, ainda ouvia os bons Espíritos, por intermédio de companheiros dedicados, requisitando-me à elevação moral pela execução dos compromissos assumidos; todavia, na casa interna se empoleiravam os argumentos de meus obsessores inflexíveis: "Custódio, você tem mais quefazeres... Como diminuir os negócios? E a vida social? Pense na vida social... Você não está preparado para seara de fé...". Em seguida, meu amigo, chegaram a velhice e a doença, essas duas enfermeiras da alma, que vivem de mãos dadas na Terra. Passei a sofrer e desencantar-me. Alguns raros visitantes de minha senectude, transmitindo-me os derradeiros convites da Espiritualidade Maior, insistiam comigo, esperando que eu me consagrasse às coisas sagradas da alma; no entanto, dessa vez, os gritos de meus antigos vampirizadores se altearam, mais irônicos, assoprando-me sarcasmo, qual se fora eu mesmo a ridicularizar-me: "Você, velho Custódio?! Que vai fazer você com Espiritismo? É tarde demais... Profissão de fé, mensagens de outro mundo... Que se dirá de você, meu velho? Seus melhores amigos falarão em loucura, senilidade... Não tenha dúvida... Seus próprios filhos interditarão você como um doente mental, inapto à regência de qualquer interesse econômico... Você não está mais no tempo disso...".

Saquarema endereçou-me significativo olhar e rematou:

— Os meus perseguidores não me seviciaram o corpo, nem me conturbaram a mente. Acalentaram apenas o meu comodismo e, com isso, me impediram qualquer passo renovador. Volto da Terra, meu caro, imitando o lavrador endividado e de mãos vazias que regressa de um campo fértil, onde poderia ter amealhado inimagináveis tesouros... Sei que você ainda escreve para os homens, nossos irmãos. Conte-lhes minha pobre experiência, refira-se, junto deles, à obsessão pacífica, perigosa, mascarada... Diga-lhes alguma coisa acerca do valor do tempo, da grandeza potencial de qualquer tempo na romagem humana!...

Abracei Saquarema, de esperança voltada para tempos novos, prometendo atender-lhe a solicitação. E aqui lhe transcrevo o ensinamento pessoal, que poderá servir a muita gente, embora guarde a certeza de que, se eu andasse agora reencarnado na Terra e recebesse de alguém semelhante lição, talvez estivesse muito pouco inclinado a aproveitá-la.

## ~ 9 ~
## *Curiosa experiência*

João Massena, Espírito extremamente dedicado aos enfermos, desde alguns anos após a desencarnação dirigia um grupo de companheiros em grande cidade, esmerando-se na plantação das ideias libertadoras do Espiritismo. Respeitado e querido entre aqueles que lhe recebiam a generosidade, ampliava constantemente a própria área de ação. Invocado carinhosamente, aqui e ali, prestava serviços preciosos, angariando tesouros de cooperação e simpatia. Aplicava o Evangelho, com raro senso de oportunidade, sustentava infelizes, protegia desesperados e sabia orientar o concurso de vários médicos desencarnados, em favor dos doentes, especializando-se, sobretudo, no socorro aos processos obsessivos.

Massena apoiava o grupo de amigos encarnados e o grupo apoiava Massena, com tal segurança de entendimento e trabalho, que prodígios se realizavam constantemente.

As tarefas continuavam sempre animadoras, quando surgiu para João certo caso aflitivo. Jovem destinada a importantes edificações mediúnicas jazia em casa, trancada entre quatro paredes e vigiada por Espíritos impassíveis, interessados em cobrar-lhe algumas dívidas do passado culposo. Benfeitores da vida maior amparavam-na; entretanto, ela mesma se mostrava atraída para eles, os perseguidores que lhe tramavam a perda.

Prestigiado pelos poderes superiores, Massena estudou a melhor maneira de acordá-la para as responsabilidades de que se achava investida e percebeu que, para isso, bastaria aparecesse alguém capaz de lhe excitar a memória para o retorno ao equilíbrio, alguém que falasse a ela com respeito à fé raciocinada, à crença lógica, à imortalidade da alma e à vida espiritual.

A jovem, contudo, sob a provação da riqueza amoedada, sofria a desvantagem de não precisar sair do estreito recinto doméstico e, em face disso, encontrava maior empeço para largar a si própria.

A pouco e pouco, dominada por entidades vampirizadoras, entregou-se ao vício do álcool e, quase anulada que lhe foi a resistência, permitiu que essas mesmas criaturas perturbadas lhe assoprassem a sugestão de um crime a ser perpetrado na pessoa de um parente próximo. Conquanto reagisse, a pobrezinha estava quase cedendo à insanidade, à delinquência. João, aflito, reconheceu o estado de alarma. A moça, no entanto, não se ausentava de casa, não recebia visitas, não recorria a leituras e ignorava o poder da prece. Mentalmente intoxicada, tomava rumo sinistro, quando Massena descobriu algo. A infortunada menina gostava de televisão, que se lhe fizera o único meio de contato com o mundo exterior. Por que não auxiliá-la por intermédio de semelhante recurso? O abnegado amigo espiritual pôs-se em campo e, repartindo apelos mentais, em setores diversos, conseguiu articular providências, até que um amigo lhe aceitou a inspiração e veio ao grupo com um projeto entusiástico. Esse "projeto entusiástico" não era outra coisa senão o interesse de Massena no salvamento da jovem. E o visitante, sob o influxo dele, fez-se veemente no tranquilo cenáculo, convidando o conjunto a aproveitar uma oportunidade que obtivera em determinado canal. Conseguira vinte minutos para assunto espírita numa televisora respeitável. O grupo representar-se-ia, por alguns dos componentes mais categorizados, daí a quatro dias – uma sexta-feira às dez da noite –, para comentar ligeiros aspectos de mediunidade e Doutrina Espírita.

O ofertante, após anotações de jubiloso otimismo, concluiu explicando que necessitava de ajustes urgentes. Queria, de imediato, o nome do companheiro decidido a falar, antes de atender a instruções de autoridades e estabelecer minudências.

Os nove companheiros, ali reunidos, não sintonizavam, porém, naquela onda de expectação fervorosa.

Lara, o diretor de maior responsabilidade, ponderou:

— Ora! Ora! O Espiritismo não precisa de televisão. Temos as nossas casas de ensino... Entretanto, coloco o assunto ao critério dos irmãos...

O recém-chegado, expressando-se por si e pelo Benfeitor espiritual que o envolvia em pensamentos de esperança, ripostou:

— Sem dúvida, o templo espírita é o lar da palavra doutrinária, mas isso não nos impede de comentar os princípios espíritas, em benefício da humanidade, seja no rádio ou na imprensa, na rua ou no salão. Se fôssemos falar acerca do bem apenas nos institutos de fé religiosa, deixaríamos ao mal campo livre, terrivelmente livre...

O judicioso apontamento, contudo, não vingou.

Delcides, comentarista inteligente da equipe, aduziu:

— Sou contra. Eu não iria à televisão, de modo algum. Considero isso pura vaidade.

Antônio Pinho, orador competente, anuiu:

— De minha parte, não tenho coragem de me entregar à semelhante exibição...

Meira, verbo seguro e visão firme, comentou seco:

— Nem eu.

E os demais cinco ajuntaram:

— Decididamente, ir à televisão falar de Espiritismo não está certo...

— Penso de igual modo. Quem quiser aprender Doutrina Espírita, venha às reuniões...
— Eu também não poderia concordar...
— Não sou de teatro...
— O assunto está fora de cogitação...

Encerrou-se o entendimento e o ofertante afastou-se desapontado.

Curiosos, visitamos a jovem obsidiada, justamente na data para a qual Massena lhe previa o suspirado auxílio. Eram dez horas da noite, na sexta-feira referida, e fomos achá-la sentada à frente do vídeo.

Os minutos que seriam reservados aos comentários sobre o Espiritismo estavam sendo aplicados num festivo programa de exaltação ao uísque e, perplexos, fitamos o simpático sorriso da teleatriz que convidava:

— Beba a nova marca! Uma delícia!...

## ~ 10 ~
## *Amor e auxílio*

Rolava a conversação sobre proteção espiritual, quando Jonaquim, respeitado mentor de comunidades cristãs, narrou com a voz aquecida de bondade e sabedoria:

— Ouvi de um instrutor amigo que Mardônio Tércio, convertido ao Cristianismo, nos primeiros dias do Evangelho em Roma, se fez um discípulo tão valioso e humilde do Senhor que, para logo, teve o seu nome abençoado nos Céus. Patrício de enorme fortuna, desde muito cedo abandonado pela mulher que demandara Cartago para uma vida independente, Mardônio, assim que penetrou a essência da doutrina do Cristo, dividiu todos os bens com o filho único, Marcos Lício, e entregou-se à caridade e à renovação. Instrumento fiel do bem, abria os ouvidos a todos os apelos edificantes, fossem dos mensageiros de Jesus que lhe solicitavam a execução de tarefas benemerentes ou dos irmãos encarnados nos mais baixos degraus da penúria. Fizera-se espontaneamente o apoio das viúvas desamparadas e o tutor afetuoso dos órfãos. Além disso, mantinha horários, cada dia, para o serviço de assistência direta aos doentes e sofredores, administrando-lhes alimento e socorro com as próprias mãos.

"Ao contrário do pai, o jovem Marcos se chafurdou em absurda viciação. Aos 30 anos, parecia um flagelo ambulante. Distinguindo-se entre as forças do ouro e do poder, não vacilava em abusar das regalias que desfrutava para manter-se no banditismo dourado que os privilégios sociais tanta vez conservam impune.

"Dois caminhos tão diferentes produziram, em consequência, duas posições diametralmente opostas no mundo espiritual. Sobrevindo a morte, Mardônio cresceu em tamanho merecimento que foi elevado à esfera do Cristo, acessível aos servidores que pudessem colaborar com ele, o Senhor, nos dias mais torturados do Evangelho nascente. Marcos, porém, arrojou-se a escuro antro das zonas inferiores, onde experimentava terríveis humilhações no orgulho ferido, conquanto afeito à revolta e à perversão, qual se trouxesse a consciência revestida em grossa carapaça de insensibilidade.

"O genitor, convertido em apóstolo da abnegação, visitava o filho, no vale tenebroso a que se chumbava, sem que o filho, cego de espírito, lhe assinalasse a presença; e tanto se condoeu daquele com quem partilhara o afeto e o sangue que, certa feita, num rasgo de apaixonado amor pelo rebento querido, suplicou ao Senhor permissão para levá-lo consigo para as Alturas, a fim de assisti-lo de mais perto.

"Jesus sorriu compreensivo e aquiesceu, diante da ternura ingênua do devotado cooperador, e, antes que amigos experientes lhe administrassem avisos, lá se foi Mardônio para a cava sombria, onde o filho se embriagava de loucura e ilusão... Renteando com Marcos, positivamente distante de qualquer noção de responsabilidade, aplicou-lhe passes magnéticos, anestesiou-lhe os sentidos e, tão logo o beneficiado cedeu ao repouso, colocou-o enternecidamente nos ombros, à feição de carga preciosa, e, com imensos cuidados, transportou-o para os Céus...

"Instalado num dos sítios mais singelos do plano superior, o recém-chegado, porém, usufruía luz mais radiante que a do dia terrestre, e, tão depressa acordou sob o encantamento paternal, ao ver-se coberto de fluidos repugnantes que lhe davam a impressão de ser um doente empastado de lama enquistada, Marcos se confrontou com os circunstantes, que se moviam em corpos tênues e luminosos, e passou a gritar impropérios e insultos. Ao pai que intentou reconfortá-lo, procurou esbofetear sem misericórdia, afirmando que não pedira nem desejara a mudança. Exortado a respeitar o nome e a casa do Senhor, injuriou o ambiente com palavras e ideias de zombaria e ingratidão. Parecia uma fera desatrelada, buscando enlamear uma fonte de luz. Interferiram amigos e o rebelado caiu de novo em prostração, sob hipnose benéfica...".

Jonaquim fez longo intervalo, e, porque se interrompera em apontamento culminante da história, um dos companheiros interrogou:

— E daí? Mardônio se viu coibido de amparar o filho a quem amava?

O Instrutor explicou:

— Sim, meus amigos, Mardônio acabou compreendendo que nem Deus violenta filho algum, em nome do bem, e que o bem jamais foge à paciência, a fim de ajudar... Por isso, reconduziu Marcos ao antro de onde o arrancara e, sem nada perder em ternura e esperança, até que o filho quisesse ou pudesse de lá sair para novos passos no caminho da evolução, o ex-patrício, por 92 anos consecutivos, desceu diariamente ao vale das trevas, oferecendo ao filho, de cada vez, a bênção de uma prece, uma frase esclarecedora e um naco de pão.

— Mas isso não é o mesmo que acentuar a impraticabilidade do socorro? – aventou um dos presentes. — Não seria mais justo relegar o necessitado ao próprio destino para que ele mesmo cogitasse de si?

Jonaquim sorriu expressivamente e rematou:

— Não temos o direito de pôr em dúvida o poder e a eficiência da lei de auxílio. A renovação conseguida por 92 anos de devotamento talvez custasse, sem eles, 92 séculos. O amor, para auxiliar, aprende a repetir.

## ~ 11 ~
## Serviço e tempo

A senhora Juvercina Trajano era um prodígio de minudências. Aos quase 60 anos, reafirmava a sua condição de missionária do Cristo, no amparo à infância, com particularidades preciosas de informação.

Espírita fervorosa, sabia-se reencarnada para o desempenho de grande tarefa. Cabia-lhe socorrer crianças desprotegidas. Antevia a obra imensa. Mentalizava-se rodeada de pequeninos a lhe rogarem ternura. Enternecia-se ao narrar as próprias recordações da sua vida de Espírito, antes do berço, pois dona Juvercina chegava a lembrar-se do tempo em que se via, no plano espiritual, preparando a existência física em que se reconhecia habilitada ao grande empreendimento. Revia-se em companhia de vários benfeitores desencarnados, visitando instituição assistencial de zonas inferiores e anotando dezenas de Espíritos, positivamente desorientados e infelizes, aos quais prestaria auxílio eficiente, depois de reinstalada na Terra.

E a senhora Trajano explicava, vezes e vezes, para os amigos admirados:

— Torno a ver o sítio escuro e esquisito, como se fosse agora... Um vale extenso, repleto de almas agoniadas, necessitando retomar a experiência do mundo, à feição de alunos aguardando ansiosamente os benefícios da escola. Creiam que ouço ainda a voz do instrutor paternal que me dizia ser o Irmão Ambrósio, a falar-me confiantemente: "Sim, minha irmã, você renascerá na Terra com a missão de patrocinar crianças em abandono, será benfeitora maternal dos filhinhos da expiação e do sofrimento... Deste recanto de aprendizado, partirão oitenta Espíritos transviados, mas sequiosos de esclarecimento e de amor, ao encontro de seus braços... Você organizará para eles um lar regenerador. Não lhe faltarão recursos para situá-los no ambiente preciso. Volte à Terra e trabalhe... Compreenda que, para assegurar os alicerces de sua obra, você carregará a responsabilidade sobre o reajuste de oitenta irmãos nossos, desorientados e enfermos, que tomarão, depois de você, o corpo carnal para o esforço restaurativo... Seguirão eles, a pouco e pouco, sob nossa vigilância, na direção de seu carinho!...".

A senhora Trajano alinhava reminiscências, entre entusiasmada e comovida. E, realmente, desde os 32 anos, iniciara, com êxito, a construção de um lar para os rebentos do infortúnio.

O empreendimento, lançado por ela em terreno fértil, encontrara a melhor acolhida. Corações nobres haviam chegado, colocando-lhe nas mãos os recursos imprescindíveis. Facilidades, ofertas, dinheiro e cooperação.

Em cinco anos, erguera-se o vasto domicílio, simples sem penúria e confortável sem excesso. Juvercina, todavia, se fizera exigente e, por isso, conquanto a casa se patenteasse digna e pronta, prosseguia descobrindo detalhes que considerava de especial importância. Nunca se sentia com bastante conforto para albergar as dezenas de crianças desventuradas que lhe batiam às portas. Depois do edifício acabado, quis aumentá-lo. Efetuados numerosos acréscimos, reclamou mais terras. Compradas as terras, decidiu a formação de pomares. Multiplicaram-se campanhas, projetos, apelos e doações. Mas não ficou nisso. Resolveu modificar, por várias vezes, o sistema de água, a iluminação, a estrutura das paredes, os tetos e os pisos. Deliberou experimentar sementeiras diferentes, em hortas e jardins, reformando-as, insatisfeita. Quando tudo fazia prever a inauguração, solicitou varandas e pérgulas, além de galpões e caprichosas calçadas. Se a obra não se alterava por dentro, surgiam as novidades de fora. E 26 anos passaram na expectativa...

Todo esse tempo se desdobrara em pormenores e pormenores, quando, na reunião mediúnica semanal de que era ela companheira solícita, compareceu, por um dos médiuns psicofônicos, o Irmão Ambrósio em pessoa. Partilhando a surpresa dos circunstantes, dona Juvercina chorou empolgada. Aquela voz... Conhecia aquela voz...

O mensageiro exortou-a ao cumprimento da promessa e explanou, com elegância e beleza, sobre as necessidades da infância, no estágio da reencarnação terrestre.

Juvercina escutou e escutou, mas, percebendo que a palavra do Instrutor continha para ela expressiva inflexão de advertência, indagou, respeitosa, quando o comunicante se dispunha a despedir-se:

— Irmão Ambrósio, não estarei sendo leal a mim mesma? O irmão admite que me mantenho fiel às obrigações que abracei?

O interlocutor fixou inesquecível gesto de brandura e respondeu com a bondade de um pai que aconselha uma filha:

— Sim, minha irmã, você tem sido muito exata no programa traçado, tem trabalhado e sofrido pela obra, mas não se esqueça do tempo... As horas são empréstimos preciosos!...

E acrescentou sob o espanto geral:

— Trinta Espíritos necessitados de recondução e assistência, dos oitenta que você se comprometeu a socorrer e reeducar, são agora delinquentes de novo... Dois são obsidiados perigosos na via pública, seis estão fichados por doentes mentais em penitenciárias e os restantes 22 se encontram internados em diversas cadeias.

## ~ 12 ~
# Espiritismo e divulgação

O excelente advogado Joaquim Mota, espírita de convicção desde a primeira mocidade, possuía ideias muito próprias acerca de pensamento religioso. Extremamente sensível, julgava um erro expor qualquer definição pessoal em matéria de fé. "Religião" – costumava dizer – "é assunto exclusivo de consciência." E fechava-se. Na biblioteca franqueada aos amigos, descansavam tomos em percalina e dourados, reunindo escritores clássicos e modernos, em Ciência e Literatura. Conservava, porém, os livros espíritas isolados em velha cômoda do espaçoso quarto de dormir. Não agia assim, contudo, por maldade. Era, na essência, um homem sincero e respeitável, conquanto espírita à moda dele, sem a menor preocupação de militância. Espécie de ilha amena, cercada pelas correntes do comodismo. Encasquetara o ponto de vista de que ninguém devia, a título algum, falar a outrem de princípios religiosos que abraçasse, e prosseguiu, vida afora, repelindo qualquer palpite que o induzisse à renovação.

Era justamente a esse homem que fôramos confortar, dentro da noite.

Mota vinha de perder a companhia de Licínio Fonseca, recentemente desencarnado, o amigo que lhe partilhara 26 anos de serviço no foro. Ambos amadurecidos na existência e na profissão, após os 60 de idade, eram associados invariáveis de trabalho e de luta. Juntos sempre nos atos jurídicos, negócios, interesses, férias e excursões.

Sem o colega ideal, baqueara Mota em terrível angústia. Trancava-se em lágrimas, no aposento íntimo, ansiando vê-lo em espírito... E tanto rogou a concessão, em preces ocultas, que ali nos achávamos, em comissão de quatro cooperadores, com instruções para levá-lo ao companheiro.

Desligado cautelosamente do corpo, que se acomodara sob a influência do sono, embora não nos percebesse o apoio direto, foi Joaquim transportado à presença do amigo que a morte arrebatara.

No leito de recuperação do grande instituto beneficente a que fora recolhido, no mundo espiritual, Licínio chorou de alegria ao revê-lo, e nós, enternecidos, seguimos, frase a frase, o diálogo empolgante que se articulou, após o júbilo extrovertido das saudações.

— Mota, meu caro Mota – soluçou o desencarnado, com impressionante inflexão –, a morte é apenas mudança... Cuidado, meu amigo! Muito cuidado!... Quanto tempo perdi, em razão de minha ignorância espiritual!... Saiba você, Mota, saiba você que a vida continua!...

— Mas eu sei disso, meu amigo – ajuntou o visitante, no intuito de consolá-lo –, desde muito cedo entrei no conhecimento da imortalidade da alma. O sepulcro nada mais é que a passagem de um plano para outro... Ninguém morre, ninguém...

— Ah! você sabe então que o homem na Terra é um Espírito habitando provisoriamente um engenho constituído de carne? Que somos no mundo inquilinos do corpo? – indagou Licínio, positivamente aterrado.

— Sei, sim...

— E você já foi informado de que quando nascemos, entre os homens, conduzimos ao berço as dívidas do passado, com determinadas obrigações a cumprir?

— De modo perfeito. Muito jovem ainda, aceitei o ensinamento e a lógica da reencarnação...

— Mota!... Mota!... – gritou o outro visivelmente alterado.

— Você já consegue admitir que nossas esposas e filhos, parentes e amigos, quase sempre são pessoas que conviveram conosco em outras existências terrestres? Que estamos enleados a eles, frequentemente, para o resgate de antigos débitos?

— Sim, sim, meu caro, não apenas creio... Sei que tudo isso é a verdade inconteste...

— E você crê nas ligações entre os que voltam para cá e os que ficam? Você já percebe que uma pessoa na Terra vive e respira com criaturas encarnadas e desencarnadas? Que podem existir processos de obsessão entre os chamados vivos e mortos, raiando na loucura e no crime?!...

— Claramente, sei disso...

O interlocutor agarrou-lhe a destra e continuou, espantado:

— Mota! Mota! Ouça!... Você está certo de que a vida aqui é a continuação do que deixamos e fazemos? Já se convenceu de que todos os recursos do plano físico são empréstimos do Senhor, para que venhamos a fazer todo o bem possível, e que ninguém, depois da morte, consegue fugir de si mesmo?...

— Sim, sim...

Nesse instante, porém, Licínio desvairou-se. Passeou pelo recinto o olhar repentinamente esgazeado, fez instintivo movimento de recuo e bradou:

— Fora daqui, embusteiro, fora daqui!...

O visitante, dolorosamente surpreendido, tentou apaziguá-lo:

— Licínio, meu amigo, que vem a ser isso? Acalme-se, acalme-se... Sou eu, Joaquim Mota, seu companheiro do dia a dia...

— Nunca! Embusteiro, mistificador!... Se ele conhecesse as realidades que você confirma, jamais me teria deixado no suplício da ignorância... Meu amigo Joaquim Mota é como eu, enganado nas sombras do mundo... Ele foi sempre o meu melhor irmão!... Nunca, nunca permitiria que eu chegasse aqui, mergulhado em trevas!...

Mota, em pranto, intentava redarguir, mas interferimos, a fim de sustar o desequilíbrio e, para isso, era preciso afastá-lo de imediato.

Mais alguns minutos e o advogado reapossou-se do corpo físico. Nada de insegurança que o impelisse à ideia de sonho ou pesadelo. Guardava a certeza absoluta do reencontro espiritual. Estremunhado, ergueu-se em lágrimas e, sequioso de ar puro que lhe refrigerasse o cérebro em fogo, abriu uma das janelas do alto apartamento que lhe configurava o ninho doméstico.

Mota contemplou o casario compacto, onde, talvez, naquela hora, dezenas de pessoas estivessem partindo da experiência passageira do mundo para as experiências superiores da vida maior e, naquele mesmo instante da madrugada, começou a pensar, de modo diferente, a respeito do Espiritismo e da sua divulgação.

## ~ 13 ~
## *Explicação de amigo*

Acredita você que tenhamos perdido o fio da inspiração, se é que o possuímos em algum tempo, e acentua que, na condição de Espírito desencarnado, assemelhamo-nos hoje a outra pessoa, inidentificável e distante, para não dizer idiotada e pueril. Declara que sente falta de graça, em nossas crônicas atuais, "insulsas e vagas", qual se houvéssemos perdido o contato com a Terra e com os homens, esquecendo a literatura e acriançando o pensamento.

Queria você que nos detivéssemos nos chamados assuntos palpitantes do mundo, efetuando o *striptease* desse ou daquele escândalo, no palco da imprensa, com objetivos de regeneração dos costumes, como se não conhecêssemos, e de sobra, o picadeiro da pilhéria humana, onde, por mal de nossos pecados, já desempenhamos a função de palhaço. Afirma, ainda, que teríamos olvidado a mitologia e o gosto das citações para nos acomodarmos "tão somente ao estilo trivial dos que ensaiam frases comoventes para conforto de estivadores e lavadeiras", como se lavadeiras e estivadores não fossem gente igual a nós.

Que não desfrutamos competência para a arte da redação, é coisa vulgarmente sabida. Se há o que estranhar em sua carta é a impressão de que nos acharíamos presentemente modificados, o que, em verdade, não sucede. Sou o mesmo jornalista desenxabido, sem a ilusão de estar servindo caviar no cardápio das letras, quando apenas dispõe de algum refogado pobre para oferecer aos amigos.

Em socorro do que asseveramos, basta recorrer às informações do nosso colega Eloy Pontes, quando escrevia as suas impressões em *O Globo*, de há bons trinta anos. Esse distinto crítico de nossa lavoura livresca, em páginas saborosas, que se transferiram do jornal para a sua primeira série de *Obra Alheia*, assegurou a nosso respeito: "Lida uma das crônicas atuais do Sr..., estão lidas todas. Ele é monocórdio...".

E acrescenta noutro passo da mencionada apreciação, referindo-se a nós: "Ele não tira coisa alguma de si. Não é o que se denomina, geralmente, um inspirado. É um paciente. Os velhos assuntos bíblicos, os antigos elementos das lendas orientais, os pretextos cediços de símbolos que o tempo impôs, formam a arquitetura do volume. O Sr... pertence ao número dos que escrevem porque leram. Não descobrimos, ao longo destas páginas, nenhum sinal de emoção própria. As emoções aqui são de reminiscências. De resto, recapitulando os volumes que vêm enfileirados na bibliografia do autor, sentimos que sua obra em prosa também se fez de alinhavos, de remendos, de *chiffons*."

Não nos reportamos aos apontamentos do estimado companheiro, com a ideia de lançar pimenta no assunto, mas para confirmar, com sinceridade, que ele se expressava, desse modo, com plena razão.

Francamente, meu caro, o que produzimos hoje, por intermédio de um médium, é tão sem originalidade agora quanto antes. Carregando o carro enxundioso da vida física ou envergando o envoltório mais leve do plano espiritual, meu cérebro é a mesma lamparina de artesão, com que lavro a canivete a preciosa madeira do vernáculo, que tantos filigranam com o buril da inteligência, inflamado a fogo sagrado de inspiração.

Não inculpe, assim, as antenas medianímicas, com relação à minha pobreza intelectual. Se nos exprimimos, na situação de escriba anônimo da verdade, cada vez mais despretensiosamente, creia que nunca é tarde a fim de reconhecer que o jornalista ou o escritor, por mais insignificantes, qual acontece em meu caso, são chamados pela vida a escrever para os outros e não para si mesmos. E, atingindo semelhante conhecimento de posição, é imperioso anotar o que estamos fazendo com os poderes mágicos do alfabeto. Escrever, sim, mas escrever com proveito, entendendo-se que a pena é o instrumento da palavra e a palavra edifica e destrói, tanto quanto rebaixa ou santifica.

Isso é o que, em sã consciência, nos sentimos na obrigação de explicar-lhe. Quanto a estarmos funcionando, no domínio das letras, "tanto tempo depois de morto", qual proclama você, supomos que isso ocorra à face de caridosa concessão da Misericórdia divina, uma vez que não escondo a alegria de poder trabalhar com as palavras, embora isso, no fundo, deva constituir igualmente uma provação. Esteja certo, entretanto, de que aspiramos, profundamente, agora, a lidar com as letras, no terreno do espírito, com a cautela de um lavrador que se esmerasse em cultivar batatas, depois de muita desilusão com as plantas empregadas na valorização dos entorpecentes.

Isso, meu prezado amigo, é o que vamos atualmente procurando aprender e fazer, desejando, porém, que você, ao chegar aqui, venha a conseguir coisa melhor.

## ~ 14 ~
## Comunicações

A história parece brejeira, mas o fato é autêntico.
Rafael Provenzano escutava os grandes comentaristas do Evangelho, entre despeitado e infeliz. Atormentado de inveja. Queria também falar às massas, comover a multidão. Nada lhe fulgia tanto aos olhos como a tribuna. E aguardava, ansioso, o dia em que pudesse alcançar aquele ponto saliente no Espaço, de onde a sua voz conseguisse impressionar centenas de ouvidos. Embora fixado à semelhante ambição, era empregado de singela sapataria. E a sua especialidade era bater pinos em sola.
Bastas vezes, surpreendia-se no trabalho mentalizando público enorme e ele a falar, a falar sob aplausos quentes.
Talvez por isso fosse ranzinza. Conflito permanente entre a vocação e a profissão. A família e os companheiros pagavam a diferença. A esposa e as quatro filhinhas, em casa, sofriam-lhe a teimosia e o desespero. Irritadiço por dá cá aquela palha, classificava-se à conta de tirano doméstico. Apurava com esmero o hábito de chacoalhar e ferir. A ten-

são não se limitava ao círculo mais íntimo. A parentela toda aguentava espancamentos morais. Entre amigos era temido na condição de crítico impertinente. Apesar de tudo isso, a paixão de Rafael era pregar solenemente a verdade cristã nos templos espíritas.

Certa noite, quando falava Martinho, o orientador espiritual da reunião mediúnica de que era participante, Rafael consultou o comunicante a respeito de seus velhos propósitos.

— Sim, meu filho – comentou o Benfeitor, por meio do médium –, você poderá ensinar, mais tarde, das tribunas. Agora, porém, é cedo. Convém estudar, preparar-se, aprender a servir...

E prosseguiu explicando que a banca de solador era também lugar santo. Podia demonstrar fé e abnegação pelo exemplo, edificar, inspirar, auxiliar...

Provenzano ouviu paciente, mas saiu desapontado.

~

Decorridas algumas semanas, o grupo se aprestava à reunião, em sala adequada. Conversa amena. Uma hora faltando para o início das orações.

Rafael chega, alegre. Participa que deseja expor ao estimado Martinho o estudo de um belo sonho e contou aos circunstantes que, na noite anterior, se vira espiritualmente, fora do corpo físico. Sentira-se volitando, leve qual pluma ao vento. E contemplara nos céus um cartaz com seis letras "A.D.P.S.B.P.", em projeção radiante. Tomara nota de tudo ao despertar.

Dona Emília, que supunha nos sonhos um constante veículo para grandes ensinamentos, inquiriu-o sobre a conclusão a que chegara.

— Pois a senhora não compreende?

E Rafael explanou para o auditório interessado:

— Segundo a minha intuição, as letras querem dizer: "Agora deves pregar sem bater pinos".

E acentuou que, apesar de algum sacrifício para a família, se dispunha a tentar outro emprego. Precisava de tempo livre. Se isso redundasse em privações e provações, afirmava-se pronto para o que desse e viesse. Por fim, declarou-se cansado de bater couro de boi para calçados. Aspirava a posição diferente.

No horário justo, a pequena assembleia se entregou às tarefas que, naquela noite, se vinculavam à desobsessão.

Atividades preparatórias. Preces. E começou movimentado socorro às entidades enfermas. Martinho ocupava o médium esclarecedor, que, de quando em quando, orientava os serviços, dava ideias.

Rafael pediu vez para conversar. O instrutor, contudo, recomendou-lhe esperasse. Necessário desincumbir-se de obrigações mais urgentes. Entender-se-iam no fim. Com efeito, ao término das atividades, Martinho convidou-o à palavra.

Algo tímido, Provenzano narrou o sonho, referiu-se às letras luminosas que descobrira no firmamento, como que brilhando especialmente para ele, e reasseverou os antigos desejos. Queria ser grande conferencista e prometia consagrar-se, de corpo e alma, aos ensinamentos públicos do Evangelho.

O amigo espiritual, sereno, perguntou sobre a interpretação que ele, o interessado, dera às letras.

Rafael repetiu, impávido: "Agora deves pregar sem bater pinos".

O Benfeitor espiritual, todavia, pintou expressão de complacência no rosto do médium e observou:

— Efetivamente, Rafael, você esteve fora do corpo de carne e viu, de fato, a mensagem do plano espiritual... Mas engana-se quanto ao que julga ter lido. As letras querem dizer simplesmente: "Antes de pregar seja bom primeiro".

# ~ 15 ~
## Auxílio do Senhor

Na assembleia dedicada a estudos evangélicos, a Parábola do Bom Samaritano fora o tema essencial. Os companheiros, porém, traziam indagações variadas a respeito do desenvolvimento mediúnico.

Alguns se iniciavam nas experiências psíquicas, ignorando em que província de trabalho lhes competia mais dilatada fixação, ao passo que outros se queixavam do tempo despendido, nesse ou naquele setor, sem resultados práticos.

Asserenado o ambiente, inçado de interpelações, o Irmão Calimério, amigo desencarnado extremamente afeiçoado ao círculo, controlou as faculdades psicofônicas de dona Amanda, médium veterana da casa, e saudou os circunstantes, dispondo-se a conversar.

E as interrogações chegaram de improviso:

— Irmão Calimério, que será preciso para merecer mais ampla cobertura da Espiritualidade superior nas tarefas medianímicas?

— De que maneira recolher patrocínio seguro em clarividência?

— Irmão, sei que devemos estudar sempre, se quisermos discernir; entretanto, qual será o processo de granjear o concurso de mentores competentes no campo da intuição?
— E na mediunidade curativa?
— Calimério, como receber a proteção dos missionários do bem, que nos libertem da influência do mal?
— Irmão, há muito tempo ensaio em efeitos físicos, sem frutos apreciáveis... Que me cabe fazer para angariar mais decisivo amparo do Alto?

O comunicante, em tom despretensioso, falou sem afetação:
— Meus amigos, estou muito distante da posição de orientador; no entanto, rogo perdão a Nosso Senhor Jesus Cristo se vou utilizar a parábola desta noite no esclarecimento do assunto.

E, diante dos companheiros atentos, expressou-se com humildade:
— Segundo aprendi, o homem que descia de Jerusalém para Jericó, no episódio do bom samaritano, ao cair em poder dos ladrões, que o deixaram semimorto, apelou, em prece muda, para a bondade de Deus. Compadecido, o Todo-Misericordioso expediu, sem detença, um mensageiro, que naturalmente carecia de instrumento humano a fim de expressar-se. O preposto da Providência colocou-se ao lado da vítima, aguardando, ansiosamente, a chegada de alguém que se dispusesse a colaborar com ele no piedoso mister. Justamente um sacerdote de grande ciência nas Escrituras, educado nos princípios do amor a Deus sobre todas as coisas e ao próximo como a si mesmo, foi o primeiro a aproximar-se... O encarregado da bênção tentou induzi-lo à benevolência; todavia, o titular da fé, receando atrapalhações, tratou de estugar o passo e seguiu adiante. Logo em seguida, um levita, igualmente culto, apareceu no sítio e o benfeitor das Alturas rogou-lhe cooperação, debalde, porque o zelador da Lei, temendo complicar-se, negou-se a considerar o pedido mental, afastando-se rápido. Mas um samaritano desconhecido, que viajava sem qualquer rótulo que lhe

honorificasse a presença, ao passar por ali assinalou no coração a rogativa que o emissário divino lhe endereçava e, deixando-se tomar por súbita compaixão, passou junto dele ao trabalho da assistência imediata. Limpou o infeliz, estancou-lhe o sangue das feridas e, logo após, acomodando-o no cavalo, conduziu-o a uma hospedaria e cuidou dele. No dia seguinte, desembolsou o dinheiro necessário, pagou-lhe a estalagem e, antes de partir, responsabilizou-se, de modo espontâneo, por todas as despesas que viessem a ocorrer no tratamento exigido, correspondendo eficientemente à expectativa do enviado que viera praticar a beneficência em nome de Deus...

Calimério pausou, tranquilo, e perguntou:

— Qual dos três parece a vocês o mais digno de atenção no plano espiritual?

Antônio Pires, o mais amadurecido da reunião, com ar de aluno que já chegara ao objetivo do ensinamento, replicou por todos:

— Decerto que é o samaritano, obediente ao convite da caridade.

O comunicante sorriu com brandura e encerrou:

— Então, meus amigos, façamos nós o mesmo.

## ~ 16 ~
## *Belarmino Bicas*

Depois da festa beneficente, em que servíramos juntos, Belarmino Bicas, prezado companheiro a que nos afeiçoamos, no plano espiritual, chamou-me à parte e falou decidido:

— Bem, já que estivemos hoje em tarefa de solidariedade, estimaria solicitar um favor...

Ante a surpresa que nos assaltou, Belarmino prosseguiu:

— Soube que você ainda dispõe de alguma facilidade para escrever aos companheiros encarnados na Terra e gostaria de confiar-lhe um assunto...

— Que assunto?

— Acontece que desencarnei com 58 anos de idade, após vinte de convicção espírita. Abracei os princípios codificados por Allan Kardec aos 38, e, como sempre fora irascível por temperamento, organizei, desde os meus primeiros contatos com a Doutrina consoladora, uma relação diária de todas as minhas exasperações, apontando-lhes as causas para estudos posteriores... Os meus desconchavos, porém, foram tantos que, apesar

dos nobres conhecimentos assimilados, suprimi, inconscientemente, 22 anos da cota de oitenta que me cabia desfrutar no corpo físico, regressando à pátria espiritual na condição de suicida indireto... Somente aqui, pude examinar os meus problemas e acomodar-me às desilusões... Quantos tesouros perdidos por bagatelas! Quanta asneira em nome do sentimento!...
 E, exibindo curioso papel, Belarmino acrescentava:
 — Conte o meu caso para quem esteja ainda carregando a bobagem do azedume! Fale do perigo das zangas sistemáticas, insista na necessidade da tolerância, da paciência, da serenidade, do perdão! Rogue aos nossos companheiros para que não percam a riqueza das horas com suscetibilidades e amuos, explique ao pessoal na Terra que mau humor também mata!...
 Foi então que passei à leitura da interessante estatística de irritações, que não me furto à satisfação de transcrever: Belarmino Bicas – Número de cóleras e mágoas desnecessárias com a especificação das causas respectivas, de 1936 a 1956:

1.811 em razão de contrariedades em família;
 906 por indispor-se, dentro de casa, em questões de alimentação e higiene;
 1.614 por altercações com a esposa, em divergências na conduta doméstica e social;
 1.801 por motivo de desgostos com os filhos, genros e noras;
 11 por descontentamentos com os netos;
 1.015 por entrar em choque com chefes de serviço;
 1.333 por incompatibilidade no trato com os colegas;
 1.012 em virtude de reclamações a fornecedores e lojistas em casos de pouca monta;
 614 por mal-entendidos com vizinhos;
 315 por ressentimentos com amigos íntimos;
 1.089 por melindres ante o descaso de funcionários e empregados de instituições diversas;

615 por aborrecimentos com barbeiros e alfaiates;
777 por desacordos com motoristas e passageiros desconhecidos, em viagens de ônibus, automóveis particulares, bondes e lotações;
419 por desavenças com leiteiros e padeiros;
820 por malquistar-se com garçons em restaurantes e cafés;
211 por ofender-se com dificuldades em serviços de telefones;
901 por motivo de controvérsias em casas de diversões;
815 por abespinhar-se com opiniões alheias em matéria religiosa;
217 por incompreensões com irmãos de fé, no templo espírita;
901 por engano ou inquietação, diante de pesares imaginários ou da perspectiva de acontecimentos desagradáveis que nunca sucederam.
— Total: 16.386 exasperações inúteis.

Esse, o apanhado das irritações do prestimoso amigo Bicas: 16.386 dissabores dispensáveis em 7.300 dias de existência, e, isso, nos quatro lustros mais belos de sua passagem no mundo, porque iluminados pelos clarões do Evangelho redivivo. Cumpro-lhe o desejo de tornar conhecida a sua experiência que, a nosso ver, é tão importante quanto as observações que previnem desequilíbrios e enfermidades, embora estejamos certos de que muita gente julgará o balanço de Belarmino por mera invencionice de Espírito loroteiro.

## ~ 17 ~
## Influência do bem

Diz você que os espíritas exageram os temas de caridade, lançando livros, escrevendo crônicas, pronunciando conferências e traçando anotações sobre a sublime virtude.

"Assistência social não será obra para governo?" – pergunta você com a serenidade de quem se julga exonerado de auxiliar o corpo de bombeiros na liquidação de um incêndio. E acrescenta: "Creio que os desencarnados, a título de beneficência, não deveriam estimular a preguiça e a vagabundagem".

Não posso dizer que você fala assim por ser um homem nascido de berço manso, com todas as facilidades do pão e da educação, e concordo plenamente com o seu ponto de vista quanto a esperarmos da ação administrativa solução adequada aos problemas da ignorância e da penúria. Entretanto, que nadador não estenderá braços amigos ao banhista que o mar grosso ameaça com a morte, simplesmente porque o guarda esteja ocupado ou distraído no posto de salvamento?

Além disso, a caridade é ingrediente da paz em todos os climas da existência, não apenas aliviando os sofredores ou soerguendo caídos, mas também frustrando crimes e arredando infortúnios.

Certo que a justiça é fundamento do universo; contudo, o amor é alma da vida.

Quantos enigmas do ódio resolvidos num gesto de brandura? Quantas toneladas de sombra, segregadas no tonel do sofrimento, se escoam pela fresta descerrada por um raio de luz?

Compreendo que você, reencarnado qual se encontra, terá dificuldade para entender os obstáculos que a bondade dissolve em silêncio, mas, deste outro lado da experiência terrestre, somos defrontados, hora a hora, por lições vivas que nos convidam a servir e pensar.

O trabalho e a dor, o aviso e a provação fazem muito em benefício da alma; no entanto, a caridade propicia renovação imediata ao destino.

O *Talmude*[12], alinhando lições de sabedoria, conta que dois aprendizes do Rabi Hanina recusavam sistematicamente aceitar avisos e predições de adivinhos, fossem eles quais fossem.

Um dia houve em que, penetrando na floresta, a fim de lenhar, ambos encontraram velho clarividente que viu, em torno deles, vasta coorte de malfeitores desencarnados, desejosos de dar-lhes perseguição e morte.

O mago, para não assustá-los em demasia com as minudências da visão, fitou as estrelas qual se buscasse nos astros as palavras que iria pronunciar e pediu-lhes considerassem os riscos a que se expunham, aconselhando-os urgente regresso a casa. Sombrios vaticínios lhes pesavam na marcha. Mais razoável tornar ao aconchego doméstico, uma vez que provavelmente não sairiam vivos da mata.

Riram-se os jovens da advertência, prosseguindo adiante.

Vencido pequeno trecho de estrada, foram defrontados por um velhinho a lhes rogar algum recurso com que pudesse matar a fome.

---

[12] N.E.: Antiga coleção de leis, tradições e costumes judaicos, compilada pelos doutores hebreus.

Os rapazes não traziam consigo outro farnel que não fosse um naco de pão; todavia, não hesitaram dividi-lo com o pedinte que, ali mesmo, suplicou a Deus lhes retribuísse a beneficência.

Os improvisados lenhadores, sem maior atenção para com o incidente, muniram-se dos gravetos de que necessitavam e voltaram ao vilarejo, sem o menor contratempo que lhes tisnasse a alegria.

Certo homem, contudo, que observara a predição e aguardava os resultados, dirigiu-se ao clarividente, indagando com ironia:

— Embusteiro, como explicas teu erro? Os moços retornaram mais felizes que nunca.

O ancião, intrigado, procurou os rapazes e, notando-os libertos dos obsessores que se lhes faziam acompanhantes, solicitou permissão para examinar os fardos que traziam e, desatados os feixes de maravalhas, foi encontrada num deles uma serpente morta, cortada ao meio.

— Vistes? – falou o mago. — A morte esteve a pique de arrasar-vos... O golpe, porém, foi removido. Que fizestes para merecer a divina Misericórdia que vos livrou do desastre fatal?

Um dos interpelados informou que o único episódio de que se lembrava era simplesmente o encontro com um velho esfaimado com quem haviam os dois repartido a merenda.

O adivinho mostrou regozijo indisfarçável e falou para o homem que o criticara:

— Tudo agora está claro! Que se pode fazer se a Lei de Deus se deixa influenciar por um pedaço de pão?

∽

Desculpará você se recorro à página de antigos documentos hebreus para responder à sua carta; entretanto, se o conto simples nos fala dos créditos de um pedaço de pão doado com amor, perante as Leis divinas, imaginemos o júbilo que reinará entre nós quando soubermos criar a felicidade dos semelhantes, empenhando à fraternidade o coração inteiro.

## ～ 18 ～
## *Veneno livre*

Pede você que os Espíritos desencarnados se manifestem sobre o álcool, sobre os arrasamentos do álcool. Muito difícil, entretanto, enfileirar palavras e definir-lhe a influência. Basta lembrar que a cobra, nossa velha conhecida, cujo bote comumente não alcança mais que uma só pessoa, é combatida a vara de ferro, porrete, pedra, armadilha, borralho, água fervente e boca de fogo, vigiada de perto pela gritaria dos meninos, pela cautela das donas de casa e pela defesa do serviço municipal, mas o álcool, que destrói milhares de criaturas, é veneno livre, onde quer que vá, e, em muitos casos, quando se fantasia de champanha ou de uísque, chega a ser convidado de honra, consagrando eventos sociais. Escorrega na goela de ministros com a mesma sem-cerimônia com que desliza na garganta dos malandros encarapitados na rua. Endoidece artistas notáveis, desfibra o caráter de abnegados pais de família, favorece doenças e engrossa a estatística dos manicômios; no entanto, diga isso num banquete de luxo e tudo indica que você, a conselho dos amigos mais generosos, será conduzido ao psiquiatra, se não for parar no hospício.

Ninguém precisa escrever sobre a aguardente, tenha ela o nome de vodca ou de suco de cana, rum ou conhaque, uma vez que as crônicas vivas, escritas por ela mesma, estão nos próprios consumidores, largados à bebedeira, nos crimes que a imprensa recama de sensacionalismo, nos ataques da violência e nos lares destruídos. E se comentaristas de semelhantes demolições devem ser chamados à mesa redonda da opinião pública, é indispensável sejam trazidos à fala as vítimas de espancamento no recinto doméstico, os homens e as mulheres de vida respeitável que viram a loucura aparecer de chofre no ânimo de familiares queridos, as crianças transidas de horror ante o desvario de tutores inconscientes e, sobretudo, os médicos encanecidos no duro ofício de aliviar os sofrimentos humanos.

Qual! Não acredite que nós, pobres inteligências desencarnadas, possamos grafar com mais vigor os efeitos da calamidade terrível que escorre, de copinho a copinho.

É por isso talvez que as tragédias do alcoolismo são, quase sempre, tratadas a estilete de sarcasmo. E creia você que a ironia vem de longe.

Consta do folclore israelita, numa história popular, fartamente anotada em vários países por diversos autores, que Noé, o patriarca, depois do grande dilúvio, rematava aprestos para lançar à terra ainda molhada a primeira vinha, quando lhe apareceu o Espírito das Trevas, perguntando, insolente:

— Que desejas levantar agora?

— Uma vinha – respondeu o ancião, sereno.

O sinistro visitante indagou quanto aos frutos esperados da plantação.

— Sim – esclareceu o bondoso velho –, serão frutos doces e capitosos. As criaturas poderão deliciar-se com eles, em qualquer tempo, depois de colhidos. Além disso, fornecerão milagroso caldo que se transformará facilmente em vinho, saboroso elixir capaz de adormecê-las em suaves delírios de felicidade e repouso...

— Exijo sociedade nessa lavoura! – gritou Satanás, arrogante.

Noé, submisso, concordou sem restrições e o Gênio do Mal encarregou-se de regar a terra e adubá-la, para o justo cultivo.

Logo após, com a intenção de exaltar a crueldade, o parceiro maligno retirou quatro animais da arca enorme e passou a fazer a adubagem e a rega com a saliva do bode, com o sangue do leão, com a gordura do porco e com o excremento do macaco.

À vista disso, quantos se entregam ao vício da embriaguez apresentam os trejeitos e os berros sádicos do bode ou a agressividade do leão, quando não caem na estupidez do porco ou na momice dos macacos.

Esta é a lenda; entretanto, nós, meu amigo, integrados no conhecimento da reencarnação, estamos cientes de que o álcool, intoxicando temporariamente o corpo espiritual, arroja a mente humana em primitivos estados vibratórios, detendo-a, de maneira anormal, na condição de qualquer bicho.

## ~ 19 ~
## Em torno da paz

O relógio tilintou, marcando oito horas, quando Anacleto Silva acordou na manhã clara.

Lá fora, o Sol prometia calor mais intenso e a criançada disputava bagatelas como vaga chilreante de passarinhos.

Anacleto estirou-se no leito, relaxando os nervos, e, porque iniciaria o trabalho às nove, antes de erguer-se tomou o Evangelho e leu nos apontamentos do apóstolo João, capítulo 14, versículo 27, as sublimes palavras do celeste Amigo:

*A paz vos deixo, a minha paz vos dou. Não vo-la dou à maneira do mundo. Não se turbe o vosso coração, nem se atemorize.*

— Alegro-me na certeza de que a paz do Senhor envolve o mundo inteiro. Onde estiver, receberei o amor do Cristo, que assegura a tranquilidade, em torno do meu caminho.

"Sei que a presença de Jesus abrange toda a Terra e que a sua influência nos governa os destinos.

Desfrutarei, assim, a paz entre as criaturas.

O eterno Benfeitor está canalizando todas as mentes para a vitória da paz. Por isso, ainda mesmo que os homens me ofendam, neles procurarei enxergar meus irmãos que o divino Poder está transformando para a harmonia geral.

Regozijo-me na convicção de que o Príncipe da Paz orienta as nações e que, desse modo, me garantirá o bem-estar.

Recolherei do Céu a bênção da calma e permanecerei nos alicerces do entendimento e da retidão, junto da humanidade.

Louvo o Senhor pela paz que me envia hoje, esperando que Ele me sustente em sua paz, agora e em todos os dias de minha vida."

Após monologar fervoroso, levantou-se feliz, mas, findo o banho rápido, verificou que a fina calça com que lhe cabia comparecer no escritório sofrera longo corte de faca.

Subitamente transtornado, chamou pela esposa, em voz berrante.

Dona Horacina veio aflita, guardando nos braços uma pequerrucha doente. Viu a peça maltratada e alegou triste:

— Que pena! Os meninos estão à solta, e eu ocupada com a pneumonia da Sônia.

Longe de refletir na grave enfermidade da filhinha de meses, Anacleto vociferou:

— Que pena? É tudo o que você encontra para dizer? Ignora, porventura, que esta roupa me custou os olhos da cara?

A senhora, sem revidar, dirigiu-se a velho armário e trouxe-lhe um costume semelhante ao que fora dilacerado.

Pouco depois, ao café, notando a ausência do leite, Anacleto reclamou irritadiço.

— Sim, sim – explicou a dona da casa –, não pude enfrentar a fila... Era preciso resguardar a pequena...

Silva engoliu alguns palavrões que lhe assomavam à boca e, quando abriu a porta, na expectativa do lotação, eis que o sogro, velhinho, lhe aparece, de chapéu à destra encarquilhada, rogando humildemente:

— Anacleto, perdoe-me a intromissão; contudo, é tão grande a nossa dificuldade hoje em casa que venho pedir-lhe quinhentos cruzeiros por empréstimo...

— Ora, ora... – respondeu o genro, evidenciando cólera injusta – onde tem o senhor a cabeça? Se eu tivesse quinhentos cruzeiros no bolso, não sairia agora para encarar a onça da vida.

Nisso um carro buzinou a reduzida distância, passando, porém, de largo, sem atender-lhe ao sinal.

Anacleto, em desespero, bradou contundente:

— Malditos! Como seguirei para a repartição? Malditos! Malditos!...

Outro carro, no entanto, surgiu rápido, e Silva acomodou-se, enfim.

Mas, enquanto o veículo deslizava no asfalto, confrontava a própria conduta com as afirmações que fizera ao despertar, e só então reconheceu que ele, tão seguro em exaltar a harmonia do mundo, não suportara sem guerra uma calça rasgada; tão convicto em prometer a si mesmo o equilíbrio no Senhor, não se conformara ante a refeição incompleta; tão pronto em proclamar o seu prévio perdão às ofensas humanas, não soubera acolher com gentileza a solicitação de um parente infeliz, e tão solene em asseverar-se nos alicerces do entendimento, não hesitara em descer da linguagem nobre para a que condiz com a gíria que amaldiçoa... E, envergonhado por haver caído tão apressadamente da serenidade à perturbação, começou a perceber que, entre ele e a humanidade, surgia o lar, reclamando-lhe assistência e carinho, e que jamais receberia a paz do Cristo por fora, sem se dispor a recolhê-la por dentro.

## ~ 20 ~
## *Nota explicativa*

Meu amigo, você estranha, sensibilizado, que certo "morto" inteligente haja olvidado o compromisso de identificar-se, em mensagem pessoal, a determinado companheiro "vivo".

Refere-se ao contrato de dois escritores respeitáveis que os interesses afetivos entrelaçaram profundamente por meio de tertúlias literárias.

Um, à frente da morte, prometeu ao outro, mergulhado nas correntes da vida carnal, que voltaria das pesadas águas do Estige[13] com noticiário elegante e compreensível. Preliminarmente, porém, o amigo "morto" leria, em espetáculo de grande estilo, certa ordem de palavras que o amigo "vivo" manteria em segredo no cofre-forte. Reconhecido, então, pelos poderes divinatórios, o autor desencarnado, promovido a oráculo, passaria à condição de novo Marco Polo[14], com rádio e televisão para todos os recantos do mundo.

---

[13] N.E.: Rio do submundo, segundo a mitologia grega.
[14] N.E.: (1254–1324) Navegante e geógrafo italiano. Em seu livro *As viagens de Marco Polo*, apresenta metodicamente o que viu e ouviu ao

Com semelhante realização, em seu parecer que eu prezo muito, o Espiritismo salvador seria respeitado em toda parte.

Todavia, o notável escritor desencarnado, quebrando os selos do túmulo, pareceu desmemoriado e distraído e não se arriscou à execução da promessa.

E você, à maneira de muita gente, duvidou e sofreu, porque aguardava a solução ao problema da imortalidade, assim como se espera numa arena esportiva o resultado de uma partida de futebol.

O literato encarnado, copiando a tartaruga que de modo algum aceita a existência de outra praia, além daquela em que respira, enquanto dispõe de abrigo na carapaça, sorriu e negou, embriagado pelas grossas volutas de incenso narcotizante da vaidade, e vocês, os torcedores da pugna entre dois mundos, permaneceram desapontados.

Creia, porém, que a morte só é simples mergulho na vida espiritual para quem soube ser realmente simples na experiência terrestre.

Considerando, contudo, a complexidade de nossos desejos e os complicados processos de luta a que nos afeiçoamos, ninguém julgue que "largar o corpo" traduza "ascensão ao Céu". Enrola-se-nos a vida mental em múltiplos caprichos e, quando suspiramos pela libertação verdadeira, eis que a nossa independência jaz subordinada aos emaranhados novelos de nossos pensamentos que resultam em compromissos e prisões de variada espécie.

Somos balões cativos ao lastro de nós mesmos, incapazes de voo mais elevado no clima universalista, ainda mesmo quando sejamos portadores de intelectualidade brilhante, a modo de ave rara pela plumagem ou pelo canto, dentro da floresta.

Nossa grandeza legítima não reside naquilo que aparentamos, e sim no que somos.

A transição do corpo é fácil, mas a renovação da alma é difícil.

---

longo de suas viagens pelos países da Ásia.

Os desencarnados arrependidos, perturbados e sofredores constituem vastíssima retaguarda, congregando soldados e lidadores que não souberam vencer na posição a que foram conduzidos.

Para meu consolo de jornalista humilde e anônimo, tenho visto reis e políticos, papas e condutores, cientistas e filósofos, aflitos pelo reajustamento próprio, confinados a extremas desilusões, qual se estivessem em escuro sótão reservado pela vida à sucata espiritual.

Quanto aos méritos do acontecimento para a Doutrina Consoladora que nos reúne, não acredite que as adivinhações de um pensador invisível possam desviar o curso natural do serviço que nos cabe realizar. Surgiriam mil recursos à sonegação calculada. Os observadores renitentes citariam Houdini[15], o mágico, e os menos afeitos ao beletrismo recordariam algum trapaceiro de circo vulgar, porque, realmente, a prova, em si, condiz muito mais com a telepatia e com a clarividência comuns.

Nas demonstrações fenomênicas, temos sempre grande número de entidades veneráveis inibidas de fazer o que podem, porque há, igualmente, grande número de médiuns que não se animam a fazer o que devem, cabendo-nos, no entanto, a obrigação de crer no futuro, trabalhando, invariavelmente, pela vitória da verdade.

O único Espiritismo triunfante é aquele que espiritualiza o indivíduo; e a hora dessa natureza é logicamente morosa, por efetiva e segura.

---

[15] N.E.: (1874–1926) Famoso mágico e ilusionista. Em seus últimos anos terrestres desmascarou espiritualistas, demonstrando como eram cometidas fraudes em espetáculos de parapsicologia e sessões espíritas. Apregoava que, se houvesse uma forma verdadeira de contatar os mortos, somente ele poderia conseguir tal proeza. Estabeleceu um código secreto com sua esposa Bess, para que após a sua morte ele pudesse entrar em contato com ela do além. Mais tarde ela recebeu uma mensagem de Houdini, mas descreu afirmando que estava doente durante tal sessão. Por dez anos tentaram comunicar-se com Houdini, sem proveito. No fim Bess desistiu, declarando que dez anos eram demais para se esperar por um homem.

Fenômenos por fenômenos, ninguém superará os do Cristo, materializando Espíritos célebres no Tabor, ressuscitando cadáveres em Naim e Betânia, curando leprosos, cegos, aleijados e loucos em Cafarnaum e Jerusalém... Entretanto, as revelações dele ainda não foram aceitas pela humanidade inteira. E a nossa própria adaptação aos seus ensinamentos, da qual espalhamos tanto alarde por intermédio de prelos e tribunas, ainda deixa muitíssimo a desejar.

Prossigamos assim, meu amigo, na edificação doutrinária, com aplicação e diligência, serenidade e perseverança, por dentro e por fora, servindo por amor, avançando pela fé viva e glorificando a luta construtiva, em nome da vida eterna.

Quanto à massa dos que descreem da própria existência de Deus, ajudemo-la, quanto estiver em nossas possibilidades, recordando, porém, com o velho Horácio[16], que a morte, à porta de juízes e condenados, de doutos e ignorantes, de aristocratas e plebeus, "bate com pé indiferente".

---

[16] N.E.: Quintus Horatius Flaccus (65–8 a.C.): Poeta lírico, satírico e filósofo latino nascido na Itália. Sua poesia é de tal modo sentenciosa que muitos de seus versos acabaram se tornando provérbios. Sua obra exerceu forte influência sobre os autores renascentistas e classicistas em geral, considerado modelo de perfeição formal e de conteúdo ético.

## ~ 21 ~
# Acerca da pena de morte

Indaga você como apreciam os desencarnados a instituição da pena de morte, e acrescenta: "Não será justo subtrair o corpo ao espírito que se fez criminoso? Será lícito permitir a comunhão de um tarado com as pessoas normais?".

E daqui poderíamos argumentar: "Quem de nós terá usado o corpo como devia? Quem terá atingido a estatura espiritual da verdadeira humanidade para considerar-se em plenitude de equilíbrio?".

A execução de uma sentença de morte, na maioria dos casos, é a libertação prematura da alma que se arrojou ao despenhadeiro da sombra. E sabemos que só a pena de viver na carne é suscetível de realizar a recuperação daqueles que se fizeram réus confessos diante dos tribunais humanos.

Não vale afugentar moscas sem curar a ferida.

Eliminar a carne não é modificar o espírito.

Um assassinado, quando não possui energia suficiente para desculpar a ofensa e esquecê-la, habitualmente passa a gravitar em torno daquele que lhe arrancou a vida, criando os fenômenos comuns da obsessão; e as vítimas da forca ou do fuzilamento, do machado ou da cadeira elétrica, se não constituem padrões de heroísmo e renunciação, de imediato, Além-túmulo, vampirizam o organismo social que lhes impôs o afastamento do veículo físico, transformando-se em quistos vivos de fermentação da discórdia e da indisciplina.

O tribunal terrestre jamais decidirá, com segurança, sobre a extinção do crime, sem o concurso ativo do hospital e da escola.

Sem o professor e sem o médico, o juiz de sã consciência viverá sempre atormentado pela obrigação de prender e condenar, descendo da dignidade da toga para ombrear com os que se dedicam à flagelação alheia.

A função da justiça penal, dentro da civilização considerada cristã, é, acima de tudo, reeducar.

Sem o entendimento fraterno na base de nossas relações uns com os outros, não nos distanciaremos do labirinto de talião, que pretende converter o mundo em eterno sorvedouro de males renascentes.

Jesus, o divino Libertador, veio quebrar as algemas que nos jungiam aos princípios do castigo igual à culpa.

A educação é a mola do processo de redimir a mente cristalizada nas trevas.

Organizar a penitenciária renovadora, onde o serviço e o livro encontrem aplicação adequada, é a solução para o escuro problema da criminalidade entre os homens, mesmo porque o melhor desforço da sociedade contra o delinquente é deixá-lo viver, na reparação das próprias faltas.

Cada espírito respira no céu ou no inferno que formou para si mesmo...

Aqui, temos o "campo dos efeitos", e aí, no mundo, o "campo das causas". E enquanto a alma se demora no "campo das causas", há sempre oportunidade de consertar e reajustar, melhorando as consequências.

Não é morrendo que encontraremos facilidade para a reconciliação. É aprendendo com as rudes lições do educandário de matéria densa que se nos apuram as qualidades morais para a ascensão do espírito.

Ninguém, pois, precisará inquietar-se, provocando essa ou aquela reivindicação pela violência.

A lei da harmonia universal funciona em todos os planos da vida, encarregando-se de tudo restaurar no momento oportuno.

Quanto ao ato de condenar, quem de nós se revelará em condições de exercer semelhante direito?

Quantos de nós não somos malfeitores indiscutíveis, simplesmente por não encontrar a presa, no instante preciso da tentação? Quantos delitos teremos perpetrado em pensamento?

Só a educação, alicerçada no amor, redimir-nos-á a multimilenária noite da ignorância.

Se você demonstra interesse tão grande na regeneração dos costumes, defendendo com tamanho entusiasmo a suposta legalidade da pena de morte, vasculhe o próprio coração e a própria consciência e verifique se está isento de faltas. Se você já superou os óbices da animalidade, adquirindo a grande compreensão a preço de sacrifício, estimaria saber se terá realmente coragem para amaldiçoar os pecadores do mundo, atirando-lhes "a primeira pedra".

## ~ 22 ~
## *Provações*

Indaga você das razões que induzem o divino Poder a conservar uma pobre jovem, vestida de chagas, num catre humilde, relegada à assistência pública. E acrescenta: "Por que motivo expor uma infeliz menina a semelhante flagelação? Não haverá misericórdia para os seres que se arrastam na pobreza, quando há tantos sinais de socorro celeste na casa dos felizes, aquinhoados pelo conhecimento superior e pela mesa farta?".

Não fora a reencarnação, chave do crescimento espiritual e do soerguimento redentor para todas as esferas da vida terrestre, e as suas perguntas seriam realmente irrespondíveis.

Entretanto, meu amigo, a existência humana, em seus fundamentos, obedece aos comezinhos princípios de lógica e harmonia que prevalecem na sementeira vulgar. Enquanto não cultivarmos a gleba planetária, em toda a sua extensão, seremos defrontados pela terra desventurada, aqui ou ali, povoada de serpes traiçoeiras ou vitimada por imensas feridas de erosão. Se não plantamos com acerto, não colheremos irrepreensivelmente, e, se nos despreocupamos da vegetação daninha ou inútil, viveremos incomodados pelos cipoais e pelos espinheiros de toda sorte.

Espanta-se você, ante a dor, mas não se reporta aos débitos contraídos. Vê a cinza e não recorda o incêndio que a produziu. Em matéria de compromissos não resgatados e de sofrimentos que os seguem, somos surpreendidos pelos remanescentes de nossos velhos delitos, à maneira do crente em desespero, constrangido a recolher os pedaços dos próprios ídolos, que o tempo esfacelou em sua marcha invariável.

É a Lei que se cumpre, harmoniosa e calma. E não me diga que há desequilíbrios nos processos em que funciona, porque, na atualidade do mundo, temos a considerar a questão da "massa" e o problema do "resíduo".

A evolução garante novos panoramas ao direito, mas ainda explodem guerras pela hegemonia da força; a Ciência resolveu os enigmas da alimentação; entretanto, ainda há quem morre de fome pelas úlceras do duodeno; a liberdade triunfou sobre a escravidão; contudo, ainda existem milhões de encarcerados na superfície da Terra, e, se é indubitável que o duelo e o envenenamento fugiram dos costumes triviais nos povos mais cultos, as mortes violentas e deploráveis continuam, aos milhares por ano, na própria engrenagem da maquinaria do progresso.

Tenho reencontrado amigos de outras eras que, endividados perante os tribunais da Justiça divina pelas fogueiras que atearam no passado às vítimas do seu desafeto, padecem hoje o "fogo selvagem" na intimidade da organização fisiológica, em que retornaram à experiência física, porque a vanguarda moral do mundo não mais tolera a perseguição religiosa ou a desvairada tirania política, e tenho desfrutado a reaproximação com inolvidáveis companheiros do pretérito que, habituados a dilacerar a carne dos adversários, pelo simples prazer de ferir, contemplam, agora, a ruína do próprio corpo, nas aflitivas amarguras de leprosários e sanatórios.

A fogueira que extingue a dívida chama-se hoje "pênfigo foliáceo"[17], e o golpe de ontem, sangrando os que sangraram, é conhecido por "bacilo de Hansen"[18].

No fundo, porém, meu amigo, tudo é reajuste benéfico.

Imagine a vida na Terra como um manancial imenso, de cujos bordos se derramam correntes cristalinas em todas as direções: é a "massa" progredindo, valorosa, na direção de sublimes horizontes.

E pensemos em nós, indivíduos arraigados ainda ao mal, como o lodo das margens ou a lama do fundo: é o "resíduo" estacionário, sofrendo a necessidade de grandes transformações.

Semelhante quadro fornece pálida notícia da verdade.

Assim sendo, que Deus nos fortaleça e abençoe no caminho da purificação.

---

[17] N.E.: Doença conhecida como *Fogo Selvagem*. Caracteriza-se pelo aparecimento de bolhas de água superficiais, que incham e rompem-se facilmente, deixando a pele em carne viva e formando regiões avermelhadas recobertas por escamas e crostas. As bolhas começam pela cabeça, pescoço e parte superior do tronco e depois espalham-se por todo o corpo, não ocorrendo nas mucosas. São dolorosas, ardem e queimam, originando o seu nome mais comum. É um mecanismo imunológico, de autoagressão, fazendo com que os anticorpos ataquem a pele.

[18] N.E.: Hanseníase, antigamente chamada de lepra, é uma doença infecciosa, de evolução muito longa e causada por um micro-organismo que acomete principalmente a pele e os nervos das extremidades do corpo. O período de incubação varia de 2 a 7 anos.

## ~ 23 ~
## *A estaca zero*

Denunciando aflitiva expectação, o crente recém-desencarnado dirigia-se ao anjo orientador da aduana celeste, explicando:

— Guardei a maior intimidade com as obras de Allan Kardec que, invariavelmente, mantive por mestre inatacável. Os livros da Codificação vigiavam-me a cabeceira. Devorei-lhes todas as considerações, apontamentos e ditados e jamais duvidei da sobrevivência...

O funcionário espiritual esclareceu, porém, imperturbável:

— Entretanto, o seu nome aqui não consta entre os credores de ascensão às esferas santificadas. Sou, portanto, constrangido a indicar-lhe o regresso à nossa antiga arena de purificação na crosta da Terra.

— Oh! o corpo! O fardo intolerável!... – suspirou o candidato, evidentemente desiludido.

Cobrou, contudo, novo ânimo e continuou:

— Talvez não me tenha feito compreender. Fui espírita convicto. Desde muito cedo, abracei os princípios sacrossantos da Doutrina que é, hoje, a salvadora luz da humanidade. Não somente Allan Kardec foi o meu instrutor na descoberta da Revelação. Acompanhei as experiências de Zöllner[19] e Aksakof, nos setores da física transcendental, com estudos particularizados da fenomenologia mediúnica. Meditei intensivamente para fixar os conhecimentos de que disponho. Flammarion, no original francês, era meu companheiro predileto de noites e noites consecutivas. Em companhia dele, o meu pensamento pervagava nas constelações distantes, prelibando a glória que eu julgava alcançar, além do túmulo. Léon Denis era o mentor de minhas divagações filosóficas. Deleitava-me com os livros dele, absorvendo-lhes as elucidações vivas e sempre novas. E Delanne? Nele, sem dúvida, situei o manancial de minhas perquirições científicas. Estimava confrontar-lhe as observações com os estudos de Claude Bernard[20], o fisiologista eminente, adquirindo, assim, base legítima para as análises minuciosas. Para não citar apenas os grandes vultos latinos, adianto-lhe que as experiências de Crookes foram carinhosamente acompanhadas por mim, por meio do noticiário. As comoventes páginas do *Raymond or life and death* (1916), com que Oliver Lodge[21] surpreendeu

---

[19] N.E.: Johan Carl Friedrich Zöllner: astrônomo famoso e professor de Física da Universidade de Leipzig. Após inúmeras experiências realizadas no campo da fenomenologia espírita, publicou os resultados dessas investigações no livro intitulado Física Transcendental, no qual desenvolveu a teoria da quarta dimensão, defendendo-a apoiado em posições teóricas e, sobretudo, em experiências práticas. Schiaparelli, famoso astrônomo italiano, escreveu em carta dirigida a Camille Flammarion: de acordo com essa teoria, o fenômeno mediúnico pode perder sua característica mística e passar ao domínio da Física e da Filosofia ordinárias.

[20] N.E.: (1813–1878) Fisiologista francês, considerado o "pai" da moderna fisiologia experimental.

[21] N.E.: (1851–1940) Foi professor de Física e reitor da Universidade de Londres. Após a desencarnação de seu filho Raymond, em 15 de setembro de 1915, conheceu a médium Mrs. Leonard. A partir daí, teve início um contato constante da família com vários médiuns, obtendo notícias e comunicações de Raymond. Lodge ficou convencido ante as

o mundo, arrancaram-me lágrimas inesquecíveis. E, a fim de alicerçar pontos de vista, no sólido terreno do espírito, não me contentei com os ocidentais. Consagrei-me às lições dos orientalistas, demorando-me particularmente no exame dos ensinos de Ramakrishna[22], o moderno iluminado que plasmou discípulos da altura de um Vivekananda[23]. No Brasil, tive a honra de assistir a sessões presididas por Bezerra de Menezes, em minha mocidade investigadora, seguindo, atenciosamente, a formação e a prosperidade de muitos centros doutrinários...

Ante o silêncio do servidor celeste, o precioso estudante fez pequeno intervalo e observou:

— Com bagagem tão grande, acredito que a minha posição de espiritualista deva ser reconhecida.

— Sim – registrou o anjo solícito –, o seu cuidado na aquisição de conhecimento é manifesto. Traz consigo um cérebro vigoroso e bem suprido. Primorosa leitura e teorias excelentes.

— E não me supõe capacitado à travessia da barreira?

— Infelizmente, não. As suas vibrações se inclinam para baixo e você não se mostra preparado a viver em atmosfera mais sutil que a da carne terrestre.

---

evidências, reuniu todos os fatos e, aos 2 de setembro de 1916, publicou a obra Raymond or life and death. O livro foi *best-seller*: seis edições em um mês.

[22] N.E.: Sri Ramakrishna é reconhecido atualmente na Índia como um de seus maiores mestres espirituais e é considerado aquele que deu início ao denominado Renascimento da Índia. Praticou a mística doutrina da Vedanta, o monismo puro. Acreditava que apenas ao renunciar a tudo, até a sua purificada individualidade, poderia o ser humano unir-se ao Princípio divino, Brahman, que se indica como o "Sat-Chit-Ananda": existência, conhecimento, bem-aventurança absolutos.

[23] N.E.: Foi o primeiro monge hindu a vir ao Ocidente. Representou o Hinduísmo durante a realização do Parlamento de Religiões, na Inglaterra. Este evento foi muito importante porque ocorreu numa época em que o horizonte espiritual das pessoas dificilmente ultrapassava as fronteiras de onde viviam.

Longe de penetrar o verdadeiro sentido das palavras ouvidas, o crente aduziu:

— E a *Bíblia*? A intimidade com o Livro divino, porventura, não me conferirá direito à elevação? De Moisés ao Apocalipse, efetuei reflexões incessantes. Prestei ardoroso culto a Davi e Salomão, entre os mais velhos, e não se passou um dia de minha existência em que não meditasse na grandeza de Jesus e na sublimidade dos seus ensinamentos. Em meu velho gabinete existem páginas variadas, escritas por mim mesmo, a respeito do *Evangelho de João*, que interpreto como a zona divina do Novo Testamento...

Parando alguns instantes, o recém-desencarnado voltou a inquirir:

— Não julga que a minha fidelidade às letras sagradas seja passaporte justo à subida?

— Indubitavelmente – respondeu o anjo –, a sua conceituação está repleta de imagens iluminativas. Ainda assim, não posso atentar contra a realidade que me compele a indicar-lhe o retorno para atender aos serviços que lhe cabe realizar.

— Céus! – clamou o interlocutor, desapontado – Que fazer então?

— Nesta passagem – explicou-se o cooperador angélico –, temos verdadeiro concurso de títulos e esses títulos se expressam aqui pelas obras de cada um. Sem experiência vivida e sem serviço feito, o espírito não vibra nas condições precisas à viagem para o Mais Alto. O seu retrato mental deixa perceber uma individualidade pujante e valiosa, idêntica, no fundo, a um navio, vasto e bem-acabado, cheio de riquezas, utilidades e adornos, que nunca se tenha ausentado do porto para a navegação. Em tais condições...

— Entretanto, eu não fiz mal a ninguém...

— Vê-se claramente que o seu espírito é nobre e bem-intencionado.

— Então – indagou o crente, semiexasperado –, qual a minha posição de homem convicto? Que sou? Como estou, depois de haver estudado exaustivamente e crido com tanto fervor e tanta sinceridade?

O anjo, triste talvez pela necessidade de ser franco, elucidou sem hesitar:

— A sua posição é invejável, comparada ao drama inquietante de muita gente. Demonstra uma consciência quitada com a Lei. Não tem compromissos com o mal e revela-se perfeitamente habilitado à excursão nos domínios do bem. Tratando-se, contudo, de ascensão para o Céu, observo-lhe o coração na estaca zero. Ninguém se eleva sem escada ou sem força. O meu amigo sabe muito. Agora, é preciso fazer...

E ante o sorriso reticencioso do funcionário celestial, o interlocutor nada mais aduziu, entrando, ali mesmo, em profundo silêncio.

## ~ 24 ~
## *Respondendo*

Meu caro M...

Indagando como interpretam os Espíritos o problema da guerra atômica, em síntese você pergunta como apreciamos nós, os desencarnados que tanto nos agarramos ao Evangelho de Jesus, a evolução da técnica científica no plano dos homens, e, sem pestanejar, devo dizer-lhe que o progresso da inteligência, na Terra de hoje, é realmente enorme.

Quem diria, no limiar deste século, que o mundo seria conduzido às facilidades que atualmente lhe favorecem a vida?

Poderosas embarcações aéreas cruzam o espaço com velocidade supersônica, e transatlânticos, figurando cidades, flutuam no mar, eliminando as distâncias.

O turista viaja de um polo a outro mais facilmente que um de nossos antepassados quando se locomovia de sua taba para a maloca vizinha. Pela onda radiofônica, um repórter instalado no Rio ouve uma informação de Tóquio com mais segurança que uma resposta verbal que lhe desfechemos no ouvido entre quatro paredes, e, pelos prodígios da televisão, a família não precisa ausentar-se do conforto mais íntimo para seguir, com atenção, os grandes eventos públicos. No campo da Medicina, o avanço é surpreendente. Até o coração já foi abordado com êxito por instrumentos operatórios. Entretanto, meu amigo, punge-nos observar o atraso do sentimento quando comparado ao raciocínio.

Quase sempre, o engenheiro que constrói pontes admiráveis, solucionando aflitivos problemas do trânsito, não sabe caminhar pacificamente dentro de casa. Há cirurgiões exímios que subtraem a úlcera duodenal e extirpam o câncer, ignorando como fazer a oclusão de um desgosto doméstico. Temos estudiosos que analisam a posição de galáxias remotas, de acordo com os últimos apontamentos de Palomar, e não conseguem ver a necessidade de amor na residência que lhes é própria. Encontramos viajantes que excursionam pela Terra inteira, despendendo milhões, mas que desconhecem como viver em paz no domicílio em que nasceram

Vocês dispõem de especialistas de todos os gêneros.

Há quem idealize arranha-céus, edificando-os sem dificuldade, há quem invente máquinas, as mais diversas, desde o trator pesado que derruba montanhas ao pequenino aparelho de cortar ovos, e há quem conduza a eletricidade aos menores recantos da vida, oferecendo repouso aos braços; contudo, não se sabe ainda como resolver as desarmonias da parentela, os enigmas das paixões animalizantes, as aflições do tédio, as predisposições ao suicídio e as aberrações da vaidade.

As rixas de marido e mulher, as bocas maldizentes, a desilusão com os amigos, a ingratidão de muitos jovens e a rabugice de muitos velhos são chagas morais, tão deprimentes no século XX como na época recuada dos faraós.

E penso, então, como seria importante a criação de máquinas que nos dessem juízo e equilíbrio, honestidade e paciência, discernimento e vergonha.

Entretanto, meu caro, semelhantes valores não são adquiríveis com alumínio ou aço, ouro ou ferro, soro de macaco ou terramicina. Constituem talentos do Espírito que é preciso conquistar ao preço de nosso próprio esforço. Assim sendo, não vale subir à estratosfera e descer ao abismo oceânico, alardeando o orgulho vão de quem domina por fora, derrotado por dentro.

É por isso que nós, os Espíritos desencarnados, conscientes dos próprios débitos e das próprias fraquezas, nos apegamos com tanto ardor ao Cristo vivo, o doador da imortalidade vitoriosa, porque, para nós, antes de tudo, importa melhorar o coração e aprender a viver.

## ~ 25 ~
## *Na hora da cruz*

Quando o Mestre se afastou do Pretório, suportando o madeiro a que fora sentenciado pelo povo em desvario, pungentes reflexões lhe assomavam ao pensamento.

Que fizera senão o bem? Que desejara aos perseguidores senão a bênção da alegria e a visitação da luz?

Quando receberiam os homens o dom da fraternidade e da paz?

Devotara-se aos doentes com carinho, afeiçoara-se aos discípulos com fervor... Entretanto, sentia-se angustiadamente só.

Doíam-lhe os ombros dilacerados.

Por que fora libertado Barrabás, o rebelde, e condenado Ele, que reverenciava a ordem e a disciplina?

Em derredor, judeus irritados ameaçavam-no erguendo os punhos, enquanto legionários semiébrios proferiam maldições.

A saliva dos perversos fustigava-lhe o rosto e, inclinando-o para o solo, a cruz enorme pesava...

"Ó Pai!" – refletia, avançando dificilmente – "que fiz para receber semelhante flagelação?"

Anciãs humildes tentavam confortá-lo, mas, curvado qual se via, nem mesmo lhes divisava os semblantes.

"Por que a cruz?" – continuava meditando agoniado. — "Por que lhe cabia tolerar o martírio reservado aos criminosos?" Lembrou as crianças e as mulheres simples da Galileia, que lhe compreendiam o olhar, recordando, saudoso, o grande lago onde sentia a presença do Todo-Compassivo, na bondade da natureza...

Lágrimas quentes borbotaram-lhe dos olhos feridos, lágrimas que suas mãos não conseguiam enxugar.

Turvara-se-lhe a visão e, incapaz de mais seguro equilíbrio sobre o pedregulho do caminho estreito, tropeçou e caiu de joelhos.

Guardas rudes vergastaram-lhe a face com mais violência.

Alguns deles, porém, acreditando-o sob incoercível cansaço, obrigaram Simão, o Cireneu, que voltava do campo, a auxiliá-lo na condução do madeiro.

Constrangido, o lavrador tomou sobre os ombros o terrível instrumento de tortura e só então conseguiu Jesus levantar a cabeça e contemplar a multidão que se adensava em torno.

E observando a turba irada, oh! sublime transformação!... Notou que todos os circunstantes estavam algemados a tremendas cruzes, invisíveis ao olhar comum.

O primeiro que pôde analisar particularmente foi Joab, o cambista, velho companheiro de Anás, nos negócios do Templo. Ele se achava atado ao lenho da usura. Vociferava aflito, escancarando a garganta sequiosa de ouro. Não longe, Apolônio, o soldado da coorte, mostrava-se agarrado à enorme cruz da luxúria, repleta de vermes roazes a lhe devorarem o próprio corpo. Caleb, o incensador, berrava frenético; entretanto, apresentava-se jungido ao madeiro do remorso por homicídios ocultos. Amós, o mercador de cabras, arrastava a cruz da enfermidade que o forçava a sustentar-se em vigorosas muletas. José de Arimateia, o amigo generoso, que o seguia discreto, achava-se preso ao frio lenho dos deveres políticos, e Nicodemos, o doutor da Lei, junto dele, vergava, mudo, sob o estafante madeiro da vaidade.

Todas as criaturas daquele estranho ajuntamento traziam consigo flagelações diversas.
O Mestre reconhecia-as, acabrunhado.
Eram cruzes de ignorância e miséria, de revolta e concupiscência, de aflição e despeito, de inveja e iniquidade.
Tentou concentrar-se em maior exame; contudo, piedosas mulheres em lágrimas acercaram-se dele, de improviso.
— Senhor, que será de nós, quando partires? – gritava uma delas.
— Senhor, compadece-te de nossa desventura! – suplicava outra.
— Senhor, nós te lamentamos!...
— Mestre, pobre de ti!
O Cristo fitou-as, admirado.
Todas exibiam asfixiantes padecimentos.
Viu que, entre elas, Maria de Cleofas trazia a cruz da maternidade dolorosa, que Maria de Magdala pranteava sob a cruz da tristeza e que Joana de Cusa, que viera igualmente às celebrações da Páscoa, sofria sob o madeiro do casamento infeliz...
Azorragues lamberam-lhe a cabeça coroada de espinhos.
A multidão começava a mover-se, de novo.
Era preciso caminhar.
Foi então que o celeste Benfeitor, acariciando a própria cruz que Simão passara a carregar, nela sentiu precioso rebento de esperança, com que o Pai amoroso lhe agraciava o testemunho, a fim de que as sementes da renovação espiritual felicitassem a humanidade. E, endereçando compadecido olhar às mulheres que o cercavam, pronunciou as inesquecíveis palavras do Evangelho:
— Filhas de Jerusalém, não choreis por mim!... Chorai, antes, por vós mesmas e por vossos filhos, porque dias virão em que direis: bem-aventurados os ventres que não geraram e os seios que não amamentaram!... Então, clamareis para os montes: "Caí sobre nós!" – e rogareis aos outeiros: "Cobri-nos!" – porque se ao madeiro verde fazem isto, que se fará com o lenho seco?

## ~ 26 ~
## *Carta estimulante*

Diz você, meu amigo, que, depois de haver assistido a alguns trabalhos interessantes de materialização, passou a registrar estranhas modificações no modo de ver.

Assinalou diversas entidades momentaneamente corporificadas, à frente dos olhos, e, pela surpreendente claridade que irradiavam, compreendeu a beleza da vida a que a morte nos conduz.

Quando os clarões das luzes inexprimíveis se apagaram, retornou, quase desacoroçoado, à tarefa comum.

A lembrança das sugestivas revelações perdurava-lhe na memória; entretanto, a via pública pareceu-lhe mais fria e o ambiente doméstico, onde ninguém se lhe afeiçoa às ideias, figurou-se-lhe um cárcere ao pensamento.

No dia seguinte, retomando o serviço habitual, os companheiros de luta, menos esclarecidos, eram mais duros de suportar.

Deslocara-se-lhe a mente.

À maneira do lenhador que examina uma central elétrica, você passou a sentir o peso do trabalho no carvão comum.

Para que alimentar o fogo, a toras de madeira, se há força acessível e eficiente?

Tedioso cansaço assomou-lhe ao coração.

E marcou, espantado, o vigoroso conflito entre sua alma e a realidade, por meio de incoercível desajustamento.

Não seria razoável abandonar toda atividade considerada inferior e partir em busca das claridades de cima? Valeria a pena prosseguir enfrentando o barro da cerâmica em que você trabalha, quando a imortalidade se lhe patenteou indiscutível e brilhante?

Todavia, é forçoso considerar que, se a semente pudesse despertar ante a grandeza de uma espiga madura e não se sujeitasse mais ao serviço que lhe compete na cova lodacenta, naturalmente o mundo se privaria de pão.

O plano espiritual, contudo, não pretende instalar a fome ou a ociosidade na Terra.

O planeta é uma escola em que a inteligência encarnada recebe a lição de que necessita.

Entre a maloca indígena e o castelo civilizado medeiam muitos séculos de cultura, com experiências vastíssimas e assombrosas, e, entre o palácio dos homens e o santuário dos anjos, há que andar por numerosos séculos ainda...

O Cristianismo que você abraçou, com tanta sinceridade e ternura, permanece repleto de ensinamentos nesse sentido.

Diante do Tabor, em que Espíritos bem-aventurados se materializaram, ao lado do Mestre, em transfiguração indescritível, Pedro, deslumbrado, pede para que uma choupana seja ali construída, a fim de que nunca mais regressassem ao mundo vulgar; entretanto, o grande Apóstolo é arrebatado, de lá, ao torvelinho de ação rotineira, dentro do qual perdeu e venceu, várias vezes, sob o tacão de vicissitudes humanas, até alcançar a verdadeira exaltação pelo martírio e pelo sacrifício.

Envolve-se Paulo num dilúvio de bênçãos, nas vizinhanças de Damasco, mas, em vez de acompanhar o Cristo magnânimo que o abraça, de improviso, é convocado a perambular, por muitos anos, entre desapontamento e pedradas, no seio da multidão.

Que mais?

O próprio Mestre, no jardim da prece solitária, sente-se visitado por um anjo divino que desce do firmamento, em sublime esplendor; todavia, longe de segui-lo em carro de triunfo para as esferas superiores, desce para o cárcere, sofre o insulto da turba ameaçadora, e marcha, humilhado, para a crucificação.

Não transforma, pois, a excelência do estímulo revelador em desalento para o trabalho natural.

Valores imperecíveis não surgem de imediato.

Tempo e esforço são as chaves do crescimento da alma.

Se os Espíritos elevados reaparecem no intercâmbio dos dois círculos de vida a que nos ajustamos, é que se inspiram no ministério da caridade e desejam acordar os homens para mais altas noções de justiça e fraternidade, a fim de que se fortaleçam e aprimorem, perante a continuidade da vida e da individualidade, Além-túmulo...

Se você foi chamado às tarefas do oleiro, atenda, quanto possível, ao enriquecimento íntimo, nos estudos e serviços que a nossa Consoladora Doutrina oferece, mas não olvide os tijolos e manilhas, telhas e vasos que a sua indústria foi convidada a materializar. Institua facilidade e abundância para que os menos favorecidos de recursos e de inteligência consigam construir seus ninhos aos quais se abrigam pobres aves humanas, em peregrinação aflitiva na erraticidade.

Esforce-se para que seu nome seja louvado e abençoado pelos que compram e vendem, pelos que administram e obedecem, convencido de que, se não devemos esquecer a contemplação das estrelas, não encontraremos o caminho de acesso a elas se não acendermos alguma lamparina no chão.

## ~ 27 ~
## *A caridade maior*

Ao Homem que alcançara o Céu, pedindo orientação sobre as tarefas de benemerência social que pretendia estender na Terra, o Anjo da Caridade falou compassivo:

— Volta ao mundo e cumpre, de boa vontade, as obrigações que o destino te assinalou!...

Para que te sintas de pé, cada dia, milhões de vidas microscópicas esforçam-se em tua carne, garantindo-te o bem-estar...

Cada órgão e cada membro de teu corpo amparam-te, abnegadamente, para que te faças abençoado discípulo da civilização.

Os olhos identificam as imagens que já podes perceber, livrando-te da desordem interior.

Os ouvidos selecionam sons e vozes para que não vivas desorientado.

A língua auxilia-te a expressar os pensamentos, enriquecendo-te de sabedoria.

As mãos realizam-te os sonhos, engrandecendo-te o caminho na Ciência e na Arte, no progresso e na indústria.

Os pés sustentam-te a máquina física para que te não arrojes à inércia.

A boca mastiga os alimentos para que te não condenes à inação.

Os pulmões asseguram-te o ar puro contra a asfixia.

O estômago digere as peças com que nutrirás o próprio sangue.

O fígado gera forças vitais que te entretêm a harmonia orgânica.

O coração movimenta-se sem parar, escorando-te a existência.

Vives da caridade de inúmeras vidas inferiores que te obedecem a mente.

Torna, pois, ao lugar em que o Senhor te situou e satisfaze as tarefas imediatas que o mundo te reserva!...

Caridade é servir sem descanso, ainda mesmo quando a enfermidade sem importância te convoque ao repouso;

é cooperar espontaneamente nas boas obras, sem aguardar o convite dos outros;

é não incomodar quem trabalha;

é aperfeiçoar-se alguém naquilo que faz para ser mais útil;

é suportar sem revolta a bílis do companheiro;

é auxiliar os parentes, sem reprovação;

é rejubilar-se com a prosperidade do próximo;

é resumir a conversação de duas horas em três ou quatro frases;

é não afligir quem nos acompanha;

é ensurdecer-se para a difamação;

é guardar o bom humor, cancelando a queixa de qualquer procedência;

é respeitar cada pessoa e cada coisa na posição que lhes é própria...

E porque o Homem ensaiasse inoportunas indagações, o Anjo concluiu:

— Volta ao corpo e age incessantemente no bem!... Não percas um minuto em descabidas inquirições. Conduze os problemas que te atormentam o espírito ao teu próprio trabalho e o teu próprio trabalho liquidá-los-á... A experiência aclara o caminho de quantos lhe adquirem o tesouro de luz. Recolhe as crianças desvalidas, ampara os doentes, consola os infelizes e socorre os necessitados. Não olvides, pois, que a execução de teus deveres para com o próximo será sempre a tua caridade maior.

## ~ 28 ~
## *Kardec e Napoleão*

Logo após o 18 de Brumário (9 de novembro de 1799), quando Napoleão se fizera o Primeiro Cônsul da República Francesa, reuniu-se, na noite de 31 de dezembro de 1799, no coração da latinidade, nas esferas superiores, grande assembleia de Espíritos sábios e benevolentes, para marcar a entrada significativa do novo século.

Antigas personalidades da Roma imperial, pontífices e guerreiros das Gálias, figuras notáveis da Espanha, ali se congregavam à espera do expressivo acontecimento.

Legiões dos césares, com os seus estandartes, falanges de batalhadores do mundo gaulês e grupos de pioneiros da evolução hispânica, associados a múltiplos representantes das Américas, guardavam linhas simbólicas de posição de destaque.

Mas não somente os latinos se faziam representados no grande conclave. Gregos ilustres, lembrando as confabulações da Acrópole gloriosa, israelitas famosos, recordando o Templo de Jerusalém, deputações eslavas e germânicas, grandes vultos da Inglaterra, sábios chineses, filósofos hindus, teólogos budistas, sacrificadores das divindades olímpicas, renomados sacerdotes da Igreja Romana e continuadores de Maomé ali se mostravam, como em vasta convocação de forças da ciência e da cultura da humanidade.

No concerto das brilhantes delegações que aí formavam, com toda a sua fulguração representativa, surgiam Espíritos de velhos batalhadores do progresso que voltariam à liça carnal ou que a seguiriam, de perto, para o combate à ignorância e à miséria, na laboriosa preparação da nova era da fraternidade e da luz.

No deslumbrante espetáculo da Espiritualidade superior, com a refulgência de suas almas, achavam-se Sócrates, Platão, Aristóteles, Apolônio de Tiana, Orígenes, Hipócrates, Agostinho, Fénelon, Giordano Bruno, Tomás de Aquino, S. Luís de França, Vicente de Paulo, Joana d'Arc, Teresa d'Ávila, Catarina de Siena, Bossuet, Spinoza, Erasmo, Milton, Cristóvão Colombo, Gutenberg, Galileu, Pascal, Swedenborg e Dante Alighieri, para mencionar apenas alguns heróis e paladinos da renovação terrestre; e, em plano menos brilhante, encontravam-se, no recinto maravilhoso, trabalhadores de ordem inferior, incluindo muitos dos ilustres guilhotinados da Revolução, quais Luís XVI, Maria Antonieta, Robespierre, Danton, Madame Roland, André Chénier, Bailly, Camille Desmoulins, e grandes vultos como Voltaire e Rousseau.

Depois da palavra rápida de alguns orientadores eminentes, invisíveis clarins soaram na direção do plano carnal e, em breves instantes, do seio da noite, que velava o corpo ciclópico do mundo europeu, emergiu, sob a custódia de esclarecidos mensageiros, reduzido cortejo de sombras, que pareciam estranhas e vacilantes, confrontadas com as feéricas irradiações do palácio festivo.

Era um grupo de almas, ainda encarnadas, que, constrangidas pela organização celeste, remontavam à vida espiritual para a reafirmação de compromissos.

À frente, vinha Napoleão, que centralizou o interesse de todos os circunstantes. Era bem o grande corso, com os seus trajes habituais e com o seu chapéu característico.

Recebido por diversas figuras da Roma antiga, que se apressavam em oferecer-lhe apoio e auxílio, o vencedor de Rivoli ocupou radiosa poltrona que, de antemão, lhe fora preparada.

Entre aqueles que o seguiam na singular excursão, encontravam-se respeitáveis autoridades reencarnadas no planeta, como Beethoven, Ampère, Fulton, Faraday, Goethe, John Dalton, Pestalozzi, Pio VII, além de muitos outros campeões da prosperidade e da independência do mundo.

Acanhados no veículo espiritual que os prendia à carne terrestre, quase todos os recém-vindos banhavam-se em lágrimas de alegria e emoção.

O primeiro cônsul da França, porém, trazia os olhos enxutos, não obstante a extrema palidez que lhe cobria a face. Recebendo o louvor de várias legiões, limitava-se a responder com acenos discretos, quando os clarins ressoaram, de modo diverso, como se se pusessem a voar para os cimos, no rumo do imenso infinito...

Imediatamente uma estrada de luz, à maneira de ponte levadiça, projetou-se do Céu, ligando-se ao castelo prodigioso, dando passagem a inúmeras estrelas resplendentes.

Alcançando o solo delicado, contudo, esses astros se transformavam em seres humanos, nimbados de claridade celestial.

Dentre todos, no entanto, um deles avultava em superioridade e beleza. Tiara rutilante brilhava-lhe na cabeça, como que a aureolar-lhe de bênçãos o olhar magnânimo, cheio de atração e doçura. Na destra, guardava um cetro dourado, a recamar-se de sublimes cintilações...

Musicistas invisíveis, por meio dos zéfiros que passavam apressados, prorromperam num cântico de hosanas, sem palavras articuladas.

A multidão mostrou profunda reverência, ajoelhando-se muitos dos sábios e guerreiros, artistas e pensadores, enquanto todos os pendões dos vexilários arriaram, silenciosos, em sinal de respeito.

Foi então que o grande corso se pôs em lágrimas e, levantando-se, avançou com dificuldade, na direção do mensageiro que trazia o báculo de ouro, postando-se, genuflexo, diante dele.

O celeste emissário, sorrindo com naturalidade, ergueu-o, de pronto, e procurava abraçá-lo, quando o Céu pareceu abrir-se diante de todos, e uma voz enérgica e doce, forte como a ventania e veludosa como a ignorada melodia da fonte, exclamou para Napoleão, que parecia eletrizado de pavor e júbilo, ao mesmo tempo:

— Irmão e amigo, ouve a Verdade, que te fala em meu espírito! Eis-te à frente do apóstolo da fé, que, sob a égide do Cristo, descerrará para a Terra atormentada um novo ciclo de conhecimento...

"César ontem, e hoje orientador, rende o culto de tua veneração ante o pontífice da luz! Renova, perante o Evangelho, o compromisso de auxiliar-lhe a obra renascente!...

"Aqui se congregam conosco lidadores de todas as épocas. Patriotas de Roma e das Gálias, generais e soldados que te acompanharam nos conflitos da Farsália, de Tapso e de Munda, remanescentes das batalhas de Gergóvia e de Alésia aqui te surpreendem com simpatia e expectação... Antigamente, no trono absoluto, pretendias-te descendente dos deuses para dominar a Terra e aniquilar os inimigos... Agora, porém, o Supremo Senhor concedeu-te por berço uma ilha perdida no mar, para que te não esqueças da pequenez humana, e determinou voltasses ao coração do povo que outrora humilhaste e escarneceste, a fim de que lhe garantas a missão gigantesca, junto da humanidade, no século que vamos iniciar.

"Colocado pela Sabedoria celeste na condição de timoneiro da ordem, no mar de sangue da Revolução, não olvides o mandato para o qual foste escolhido.

Não acredites que as vitórias das quais foste investido para o Consulado devam ser atribuídas exclusivamente ao teu gênio militar e político. A vontade do Senhor expressa-se nas circunstâncias da vida. Unge-te de coragem para governar sem ambição e reger sem ódio. Recorre à oração e à humildade para que te não arrojes aos precipícios da tirania e da violência!...

Indicado para consolidar a paz e a segurança, necessárias ao êxito do abnegado apóstolo que descortinará a era nova, serás visitado pelas monstruosas tentações do poder.

Não te fascines pela vaidade que buscará coroar-te a fronte... Lembra-te de que o sofrimento do povo francês, perseguido pelos flagelos da guerra civil, é o preço da liberdade humana que deves defender, até o sacrifício. Não te macules com a escravidão dos povos fracos e oprimidos nem enlameies os teus compromissos com o exclusivismo e com a vingança!...

Recorda que, obedecendo a injunções do pretérito, renasceste para garantir o ministério espiritual do discípulo de Jesus que regressa à experiência terrestre, e vale-te da oportunidade para santificar os excelsos princípios da bondade e do perdão, do serviço e da fraternidade do Cordeiro de Deus, que nos ouve em seu glorificado sólio de sabedoria e de amor!

Se honrares as tuas promessas, terminarás a missão com o reconhecimento da posteridade e escalarás horizontes mais altos da vida, mas, se as tuas responsabilidades forem menosprezadas, sombrias aflições amontoar-se-ão sobre as tuas horas, que passarão a ser gemidos escuros em extenso deserto...

Dentro do novo século, começaremos a preparação do terceiro milênio do Cristianismo na Terra.

Novas concepções de liberdade surgirão para os homens, a Ciência erguer-se-á a indefiníveis culminâncias, as nações cultas abandonarão para sempre o cativeiro e o tráfico de criaturas livres e a Religião desatará os grilhões do pensamento que, até hoje, encarceram as melhores aspirações da alma no inferno sem perdão!...

"Confiamos, pois, ao teu espírito valoroso a governança política dos novos eventos e que o Senhor te abençoe!...".

Cânticos de alegria e esperança anunciaram nos céus a chegada do século XIX e, enquanto o Espírito da Verdade, seguido por várias coortes resplandecentes, voltava para o Alto, a inolvidável assembleia se dissolvia...

O apóstolo que seria Allan Kardec, sustentando Napoleão nos braços, conchegou-o de encontro ao peito e acompanhou-o, bondosamente, até religá-lo ao corpo de carne, no próprio leito.

~

Em 3 de outubro de 1804, o mensageiro da renovação renascia num abençoado lar de Lyon, mas o Primeiro Cônsul da República Francesa, assim que se viu desembaraçado da influência benéfica e protetora do Espírito Allan Kardec e de seus cooperadores, que retomavam, pouco a pouco, a integração com a carne, confiantes e otimistas, engalanou-se com a púrpura do mando e, embriagado de poder, proclamou-se Imperador, em 18 de maio de 1804, ordenando a Pio VII viesse coroá-lo em Paris.

Napoleão, contudo, convertendo celestes concessões em aventuras sanguinolentas, foi apressadamente situado, por determinação do Alto, na solidão curativa de Santa Helena, onde esperou a morte, enquanto Allan Kardec, apagando a própria grandeza, na humildade de um mestre-escola, muita vez atormentado e desiludido, como simples homem do povo, deu integral cumprimento à divina missão que trazia à Terra, inaugurando a era espírita cristã, que, gradativamente, será considerada em todos os quadrantes do orbe como a sublime renascença da luz para o mundo inteiro.

## ~ 29 ~
## *Bichinhos*

Declara-se você esgotado pelos conflitos internos da instituição espírita de que se fez devotado servidor, e revela-se faminto de uma solução para os problemas que lhe atormentam a antiga casa de fé.

Lutas entre companheiros e hostilidades constantes minaram o altar do templo, onde, muitas vezes, você observou a manifestação da Providência divina, por intermédio de abnegados mensageiros da luz, e hoje, em vez da fraternidade e da confiança, do entusiasmo e da alegria, imperam no santuário a discórdia e a dúvida, o desânimo e a tristeza.

Pede-nos você um esclarecimento, entretanto, a propósito do assunto, lembro-me de velha e valorosa árvore que conheci em minha primeira infância. Verde e forte, assemelhava-se a uma catedral na obra prodigiosa da natureza. Cheia de ninhos, era o palácio predileto das aves canoras que, em suas frondes, trinavam felizes. Tropeiros exaustos encontravam à sua sombra, que protegia cristalina fonte, o reconforto e a paz, o repouso e o abrigo. Lenhadores, de quando em quando, furtavam-lhe pedaços vivos, e peregrinos ingratos roubavam-lhe ramos preciosos para utilidades diversas. Tempestades terríveis caíam sobre ela, anualmente, oprimindo-a e dilacerando-a, mas parecia refazer-se, sempre mais bela. Coriscos alcançaram-na em muitas ocasiões, mas a árvore robusta ressurgia sublime. Ventanias furiosas, periodicamente, inclinavam-lhe a copa, decepando-lhe galhos vigorosos; a canícula demorada impunha-lhe pavorosa sede e a enxurrada costumava rodeá-la de pesados detritos... O tronco, porém, sempre adornado de milhares e milhares de folhas seivosas, parecia inabalável e invencível.

Um dia, contudo, alguns bichinhos começaram a penetrá-la de modo imperceptível.

Ninguém lhes conferiria qualquer significação.

Microscópicos, incolores, quase intangíveis, que mal poderiam trazer ao gigante do solo?

Viajores e servos do campo não lhes identificaram a presença.

Os bichinhos, porém, multiplicaram-se indefinidamente, invadiram as raízes e ganharam o coração da árvore vigorosa, devorando-o, pouco a pouco...

E o vegetal que superara as ameaças do céu e as tentações da Terra, em reduzido tempo, triste e emurchecido, transformava-se em lenho seco, destinado ao fogo.

Assim também, meu caro, são muitas das associações respeitáveis, quando não se acautelam contra os perigos aparentemente sem importância. São admiráveis na caridade e na resistência aos golpes do exterior. Suportam, com heroísmo e serenidade, estranhas provações e contundentes pedradas. Afrontam a calúnia e a maldade, a perseguição e o menosprezo público, dentro de inalterável paciência e indefinível força moral...

Visitadas, entretanto, pelos vermes invisíveis da inveja ou do ciúme, da incompreensão ou da suspeita, depressa se perturbam e se desmantelam, incapazes de reconhecer que os melindres pessoais são parasitos destruidores das melhores organizações do espírito.

Quando o "disse me disse" invade uma instituição, o demônio da intriga se incumbe de toldar a água viva do entendimento e da harmonia, aniquilando todas as sementes divinas do trabalho digno e do aperfeiçoamento espiritual.

"Que fazer?", pergunta você, assombrado.

Dentro de minha nova condição, apenas conheço um remédio: nossa adaptação individual e coletiva à prática real do Evangelho do Cristo.

Contra os corrosivos bichinhos do egoísmo degradante, usemos os antissépticos da Boa-Nova.

— Se alguém quiser alcançar comigo a Luz divina da ressurreição – disse o Senhor –, negue a si mesmo, tome a cruz dos próprios deveres, cada dia, e siga os meus passos.

Quando pudermos realizar essa caminhada, com esquecimento de nossas carunchosas suscetibilidades, estaremos fora do alcance dos sinistros micróbios da treva, imunizados e tranquilos em nosso próprio coração.

## ~ 30 ~
# O servo insaciável

Fatigado da imensa luta que sustentava nas esferas inferiores, Belino Castro rogou ao Senhor a bênção da reencarnação. Estava cansado, dizia.

E porque chorasse compungidamente, um Mensageiro celeste arrebatou-o do império das sombras e o trouxe para a Terra. Encantado, Belino recebeu honrosa incumbência. Renasceria para a obra da fraternidade cristã.

Além dos serviços naturais que lhe diziam respeito à própria recuperação diante da Lei, seria prestimoso benfeitor dos doentes. Protegeria os enfermos, distribuiria com eles a coragem e a consolação em nome de Deus.

— Não precisa impressionar-se demasiado com a aquisição de elementos materiais para a execução da tarefa – disse-lhe o emissário divino –; mantenha as mãos no arado generoso do trabalho e o seu serviço atrairá os recursos de que necessite.

— Mas – ponderou Belino, preocupado – e quando surgirem dificuldades imprevistas e especiais?

— Utilize a prece e, em seguida, canalize suas forças na direção do objetivo. O suprimento ser-lhe-á, então, entregue por nós, por meio de circunstâncias aparentemente casuais, para o serviço que lhe compete.

E Belino tornou ao corpo num lar de excelente formação evangélica.

Desde cedo, foi instruído para a verdade e para o bem.

Moço ainda, recolhia do Alto o apelo incessante ao ministério que lhe cabia e, por essa razão, costumava dizer:

— Sinto que tenho abençoada missão a realizar em favor dos enfermos. Muitas vezes, sonho a ver-me ao pé de numerosos doentes, enxugando lágrimas e limpando feridas. Não descansarei enquanto não puder construir um grande hospital.

Entretanto, Belino condicionava a edificação a certos fatores que considerava essenciais, e, por isso, lembrando instintivamente a recomendação do benfeitor divino, movimentava a oração, canalizando as próprias forças.

— Poderia auxiliar os enfermos – dizia –, mas aguardava um emprego vantajoso.

E o emprego vantajoso lhe foi concedido.

— Sim – afirmava –, agora, para adquirir segurança, tenho necessidade de um bom casamento.

E o bom casamento lhe veio ao encontro.

— Devo possuir filhos robustos que me auxiliem – ponderou.

E os filhos robustos adornaram-lhe os braços.

— Tudo prossegue regularmente – reconheceu –, mas uma casa própria é indispensável à minha paz.

E a casa própria surgiu, confortável e ampla.

— Para ser útil aos enfermos – ajuntou –, não posso alhear-me dos bons livros.

E preciosa biblioteca enriqueceu-lhe o templo familiar.

— Sem bons negócios, não posso atirar-me à empresa – considerou.

E os bons negócios vieram auxiliá-lo.

— Um automóvel particular resolveria as minhas questões de tempo – alegou.

E, em breve, um carro acolhedor incorporava-se-lhe à propriedade.

— Agora, é imperioso conquistar bons rendimentos – pediu ao Céu, em comovente rogativa.

E bons rendimentos rodearam-lhe o nome.

— Quero mais rendas – insistiu a lamuriar-se.

E mais rendas vieram.

Nessa altura, os filhos já estavam crescidos e Castro implorou vantagens materiais para eles, e as vantagens solicitadas apareceram. Em seguida, notando que os rapazes lhe afligiam o pensamento, suplicou a chegada de noras dignas para o ambiente familiar. E as noras chegaram.

Belino, porém, continuou rogando, rogando, rogando...

Certa feita, quando reclamava favores para os netos, chegou a morte e disse-lhe:

— Meu amigo, o seu tempo esgotou-se.

O interpelado, sob forte susto, clamou de si para consigo:

— Meu Deus! Meu Deus!... e a minha tarefa? Não posso deixar a Terra sem cumpri-la... Ainda não pude sequer visitar um doente!...

A recém-chegada, contudo, deu-lhe apenas alguns instantes para a bênção da oração.

Castro, ansioso, tomou o Testamento do Cristo, e, de mãos trêmulas, abriu-o precipitadamente. De olhos esgazeados, esbarrou com estas palavras constantes no versículo 20, do capítulo 12 das anotações de Lucas:

"... esta noite, exigirão tua alma, e o que ajuntaste para quem será?".

Antes, porém, que Belino pudesse entregar-se a novas e desesperadas petições, a morte apagou-lhe temporariamente a luz do cérebro e o reconduziu à vida espiritual.

## ~ 31 ~
## O grupo reajustado

Instalara-se o grupo de aprendizes do Evangelho, rogando trabalho. Alfredo Saraiva, o farmacêutico do bairro, foi aclamado dirigente. Olímpio Caramuru e Otávio Mafra, dois comerciários prestigiosos, prometiam cooperar. Dona Ofélia e Adão Cunha, velho casal da esquina, suspiravam pelas sessões. Dona Amanda e dona Gertrudes ofereciam serviços mediúnicos. Dona Generosa, viúva desde muito tempo, alegava a necessidade de oração. João Pires, o dono da casa, não cabia em si de contente.

Nove pessoas ao todo.

Depois da prece inaugural, manifesta-se irmã Clara, por intermédio das faculdades de dona Amanda. Afirma-se confortada, feliz. A formação do conjunto repercutira no Além. Instrutores amigos haviam registrado os votos da pequena comunidade. Os companheiros haviam pedido trabalho e o trabalho não faltaria. Em nome de vários mentores espirituais, ali se achava igualmente interessada em servir. O grupo bem afinado funcionaria como valiosa instrumentação para o socorro celeste. Ninguém receasse. Bastariam a boa vontade, a fé, o amor. Esperava, assim, a harmonização de todos num só objetivo: o objetivo de espalhar o bem. Em torno deles, surgiam a ignorância e a miséria, gerando o sofrimento. Poderiam fazer muito. Distribuiriam consolação, esclarecimento, esperança. As reuniões começaram animadamente. Depois da prece, a leitura evangelizante. Textos preciosos, aconselhando esforço e diligência no bem.

Entretanto, o pessoal parecia não ouvir. Tão logo se incorporava irmã Clara, principiavam as queixas e petições. Dona Gertrudes pedia assistência para o marido, gozador do mundo, que estimava na descrença e no sarcasmo a sua razão de ser. Saraiva pedia passes contra o reumatismo. Caramuru insistia por alguma proteção ao estabelecimento em que se mantinha empregado. Iniciada outra reunião, dona Ofélia queria um remédio para a renitente dor de cabeça. Cunha solicitava ajuda para o seu armarinho. Precisava de fregueses. Os tempos andavam bicudos. E os impostos subiam constringentes. Dona Generosa perseverava implorando uma comunicação direta com o filho desencarnado.

Irmã Clara, espírito afável e benevolente, amparava a todos como podia. Valorosa e otimista, voltava ao intercâmbio, de semana a semana; todavia, o ambiente era o mesmo. Mafra lembrava a necessidade de receber uma indicação eficaz para a perna direita. Desde que fora abalroado por um automóvel, vivia capengando. Pires rogava passes para dois tios que se achavam em desalento. Quando a mensageira ocupava o aparelho mediúnico de dona Gertrudes, dona Amanda reclamava:

— Eu também sou filha de Deus.

E descontava as noites em que não podia incomodar a Benfeitora. Pedia recursos contra a sua antiga doença do estômago, deprecava proteção para dois netos endiabrados na escola, rogava concurso para a filha, obrigada a suportar um esposo rixento e infiel.

Irmã Clara recorria à lei das provas. Asseverava o impositivo da luta, indispensável ao aperfeiçoamento. Reportava-se ao próprio

Cristo que não pudera furtar-se à cruz. Os circunstantes comoviam-se. Dona Ofélia e dona Gertrudes enxugavam lágrimas de emoção. Reconstituída, porém, a assembleia, continuava o petitório. Caramuru dizia-se fatigado! Não se aguentava sobre as pernas. Dona Amanda lamentava-se da gastrite. Mafra declarava-se cada vez mais coxo.

Quando o grupo completou o décimo aniversário de existência, a Orientadora espiritual notificou que tentaria começar a obra de caridade do círculo. Reuniria os pensamentos dos amigos numa só vibração de otimismo e confiança, a favor de velha irmã enferma. Deviam estar habilitados à prestação do auxílio. Que todos orassem e se fortalecessem mentalmente, cooperando.

Chegada a noite do serviço, Clara compareceu, esperançosa. Pela primeira vez, a protetora pediu. Rogou a todos a necessária concentração espiritual de energias, em benefício da doente. Ela, Clara, seria a portadora das forças curativas para a pobrezinha. Quando, porém, se preparava para a tarefa, eis que dona Ofélia solicitou um passe para a dor de cabeça. Dona Generosa reclamou a mensagem que aguardava. Saraiva perguntou se poderia usar o iodo em doses mais altas. Dona Amanda asseverou que o genro se fizera insuportável, implorando, por isso, algum trabalho de desobsessão.

Antes da prece final, o dirigente indagou:

— O benefício à nossa enferma ausente foi realizado, irmã?

Clara, gentil, explicou que não. Não conseguira. O grupo estava cheio de necessidades e dores. Alguma peça, ali, funcionava mal. Traria, por essa razão, um inspetor.

Realmente, na sessão seguinte, o inspetor apareceu. Irmão Cláudio incorporou-se em dona Gertrudes e falou firme:

— Meus amigos, o Espiritismo é Doutrina de progresso. Durante dez anos consecutivos, vocês foram auxiliados para aprenderem a auxiliar.

— Sim, sim... – comentou Saraiva, desapontado. — Irmã Clara está conosco.

— Reconheço – ajuntou o visitante, sem agressividade –, reconheço que nossa amiga é um raro exemplar de carinho e paciência; entretanto, segundo me parece, a Lei que extinguiu o cativeiro no Brasil é de 13 de maio de 1888. Clara é nossa irmã. Não é escrava. Esqueçamo-nos um pouco. Arejemos a cabeça para que o coração consiga trabalhar. Quem realmente pratica o dom da caridade encontra caridade para si.

O silêncio pesou por minutos.

— Que mais nos aconselha, amigo?

— Tudo está dito – esclareceu Cláudio, sem afetação.

— Que Deus esteja conosco! – falou Saraiva, solene.

O Instrutor fixou um gesto de despedida e rematou:

— Que Deus permanece conosco não há dúvida. É preciso saber, porém, se estamos, de nossa parte, com Deus.

Cláudio retirou-se e irmã Clara voltou a entender-se com os amigos. Mas, naquela noite, o quadro surgia outro. Dona Generosa silenciou sobre a vinda do filho. Mafra resignou-se com o defeito físico. Dona Amanda não se referiu à úlcera gástrica. Saraiva conformou-se com o reumatismo. Caramuru nada pediu para a casa em que trabalhava. Cunha esqueceu a loja. Dona Ofélia aliviara a cabeça. Pires, calado, parecia enfim satisfeito com a sorte dos familiares.

Terminada a reunião, o diretor perguntou com humildade à Mentora da casa se tudo estava bem.

Irmã Clara, paciente, informou:

— Creio que o nosso Inspetor resolveu o problema. Graças a Deus!

E todos os companheiros, preocupados, repetiram a uma voz:

— Graças a Deus!

## ~ 32 ~
# No reino doméstico

Você, meu amigo, pergunta que papel desempenhará o Espiritismo na ciência das relações sociais, e, muito simplesmente, responderei que, aliado ao Cristo, o nosso movimento renovador é a chave da paz entre as criaturas.

Já terá refletido, porventura, na importância da compreensão generalizada, com respeito à justiça que nos rege a vida e à fraternidade que nos cabe construir na Terra?

A sociologia não é a realização de gabinete. É obra viva que interessa o cerne do homem, de modo a plasmar-lhe o clima de progresso substancial.

Reporta-se você ao amargo problema dos casamentos infelizes, como se o matrimônio fosse o único enigma na peregrinação humana, mas se esquece de que a alma encarnada é surpreendida, a cada passo, por escuros labirintos na vida de associação.

Habitualmente, renascem juntos, sob os elos da consanguinidade, aqueles que ainda não acertaram as rodas do entendimento, no carro da evolução, a fim de trabalharem com o abençoado buril da dificuldade sobre as arestas que lhes impedem a harmonia. Jungidos à máquina das convenções respeitáveis, no instituto familiar, caminham, lado a lado, sob os aguilhões da responsabilidade e da tradição, sorvendo o remédio amargoso da convivência compulsória para sanarem velhas feridas imanifestas.

E nesse vastíssimo roteiro de Espíritos em desajuste, não identificaremos tão somente os cônjuges infortunados. Além deles, há fenômenos sentimentais mais complexos. Existem pais que não toleram os filhos e mães que se voltam, impassíveis, contra os próprios descendentes. Há filhos que se revelam inimigos dos progenitores e irmãos que se exterminam dentro do magnetismo degenerado da antipatia congênita, dilacerando-se uns aos outros, com raios mortíferos e invisíveis do ódio e do ciúme, da inveja e do despeito, apaixonadamente cultivados no solo mental.

Os hospitais e, principalmente, os manicômios apresentam significativo número de enfermos que não passam de mutilados espirituais dessa guerra terrível e incruenta na trincheira mascarada sob o nome de Lar. Batizam-nos os médicos com rotulagens diversas, na esfera da diagnose complicada; entretanto, na profundez das causas, reside a influência maligna da parentela consanguínea que, não raro, copia as atitudes da tribo selvagem e enfurecida. Todos os dias, semelhantes farrapos humanos atravessam os pórticos das casas de saúde ou de caridade, à maneira de restos indefiníveis de náufragos, perdidos em mar tormentoso, procurando a terra firme da costa, através da onda móvel.

Não tenha dúvida.

O homicídio, nas mais variadas formas, é intensamente praticado sem armas visíveis, em todos os quadrantes do planeta.

Em quase toda a parte, vemos pais e mães que expressam ternura ante os filhos desventurados e que se revoltam contra eles toda vez que se mostrem prósperos e felizes. Há irmãos que não suportam a superioridade daqueles que lhes partilham o nome e a experiência, e companheiros que apenas se alegram com a camaradagem nas horas de necessidade e infortúnio.

Ninguém pode negar a existência do amor no fundo das multiformes uniões a que nos referimos. Mas esse amor ainda se encontra, à maneira do ouro inculto, incrustado no cascalho duro e contundente do egoísmo e da ignorância que, às vezes, matam sem a intenção de destruir e ferem sem perceber a inocência ou a grandeza de suas vítimas.

Por isso mesmo, o Espiritismo com Jesus, convidando-nos ao sacrifício e à bondade, ao conhecimento e ao perdão, aclarando a origem de nossos antagonismos e reportando-nos aos dramas por nós todos já vividos no pretérito, acenderá um facho de luz em cada coração, inclinando as almas rebeldes ou enfermiças à justa compreensão do programa sublime de melhoria individual, em favor da tranquilidade coletiva e da ascensão de todos.

Desvelando os horizontes largos da vida, a Nova Revelação dilatará a esperança, o estímulo à virtude e a educação em todas as inteligências amadurecidas na boa vontade, que passarão a entender nas piores situações familiares pequenos cursos regenerativos, dando-se pressa em aceitá-los com serenidade e paciência, uma vez que a dor e a morte são invariavelmente os oficiais da divina Justiça, funcionando com absoluto equilíbrio, em todas as direções, unindo ou separando almas, com vistas à prosperidade do Infinito bem.

Assim, pois, meu caro, dispense-me da obrigação de maiores comentários, que se fariam tediosos em nossa época de esclarecimento rápido, por meio da condensação dos assuntos que dizem respeito ao soerguimento da Terra.

Observe e medite.

E, quando perceber a imensa força iluminativa do Espiritismo Cristão, você identificará Jesus como o Sociólogo divino do mundo, e verá no Evangelho o Código de Ouro e Luz, em cuja aplicação pura e simples reside a verdadeira redenção da humanidade.

## ~ 33 ~
## *Anotação simples*

  Entrevistado, pela televisão, você, meu amigo, jornalista distinto, afirmou que os escritores e poetas desencarnados estão transformando o Brasil numa *grande necrópole*. E acrescentou, irônico: Por que não se consagram os Espíritos a outras atividades artísticas? Por que razão não vem Da Vinci pintar alguma tela que lhe marque a glória inconfundível, como prova da sobrevivência? Por que não se faz ouvido o gênio musical de Chopin nas sessões espíritas, atestando a continuidade da vida, Além--túmulo? Entretanto, somente nós, os pobres escrevinhadores da vida carnal, em sua opinião, tornamos à arena física, padecendo pruridos de publicidade, famintos de evidência...
  E você, transbordando sarcasmo, termina a conversação sugerindo que o acervo de nossos avisos não passa de mistificações, em que os médiuns, à feição de modernos pelotiqueiros, se fazem credores das atenções da própria justiça.
  Suas perguntas e considerações, transmitidas a milhares de telespectadores, ficaram no ar, e nós não guardamos a pre-

tensão de a elas responder. Se estivéssemos aí, envergando ao seu lado o macacão de carne, talvez lhe adotássemos o ponto de vista sem qualquer discrepância. Por isso mesmo, acatando-lhe a visão provisória, desejamos apenas dizer-lhe que não faltam artistas aqui, dispostos a enfrentar, com mais amplitude e profundeza, a pauta e o pincel, no sentido de colaborarem na sublimação da arte terrestre; no entanto, escasseiam no mundo companheiros que lhes abracem o ideal de beleza e renúncia, aceitando a necessária disciplina para a consecução das obras que pretenderiam concretizar, embora já existam, no Brasil e no seio de outros povos, médiuns do som e da cor, edificando notáveis realizações que você desconhece.

Movimente-se, afaste-se um tanto da sua galeria de censor e procure-os. Encontrá-los-á, fazendo o melhor que podem, sob a orientação de grandes inteligências desencarnadas que, naturalmente, apenas lhes confiam aquilo que são capazes de receber.

Quanto a nós outros, os que ainda escrevemos para resgatar os nossos pecados, perdoe-nos as páginas, agora despidas de qualquer presunção acadêmica.

Creia que, atualmente, não fazemos simples literatura.

Mereceríamos o inferno se ainda aqui estivéssemos na condição de beletristas interessados na fama que os vermes aniquilaram.

Achamo-nos em abençoada construção do espírito, utilizando os talentos da palavra, como o artífice que se vale dos méritos do tijolo para erguer o edifício humano. Intentamos, com isso, não apenas retificar nossas faltas, mas igualmente contribuir na edificação da justiça e do amor, da solidariedade e do bem, da responsabilidade e do entendimento entre as criaturas, para que a Terra de amanhã seja menos conturbada que a Terra de hoje. Buscamos simplesmente informar a vocês que a morte não existe e que o túmulo é uma espécie de cabina fotográfica, revelando o verdadeiro retrato de nossa consciência, a fim de que se habilitem, nos padrões de Jesus, a suportar as requisições do tempo...

Para a execução desse tentame, não dispomos de outro recurso senão escrever. E olhe que escrever não é tão indigno assim.

Você, com o seu respeitável título de católico-romano, não poderá esquecer-se de que a primeira dádiva direta do Céu aos homens, segundo a *Bíblia*, foi o Livro dos Dez Mandamentos, de que Moisés se fez o guarda irredutível. E se um vaso sagrado da Terra guarda a luz do Cristo para as nações, é forçoso convir que esse vaso é ainda o livro, arquivando-lhe a palavra de amor e luz.

Desse modo, com todo o nosso respeito aos pintores e musicistas, desencarnados ou não, rogo-lhe não considere com tanto desdém os seus irmãos de letras. Esteja certo de que, em futuro talvez próximo, você estará pessoalmente em nossa companhia e sentirá uma vontade louca de apagar os seus erros escritos.

E que você encontre uma criatura consciente e caridosa que o ajude mediunicamente na piedosa empresa, são nossos votos sinceros, porque, sem dúvida alguma, ao nosso porto de surpresa e refazimento o barco de sua vida, hoje ou amanhã, chegará também.

## ~ 34 ~
## O grande ceifador

Comentando certas dificuldades da genuína propaganda espírita, o velho Jonathan, antigo seguidor do Evangelho em nosso campo de ação espiritual, tomou a palavra e falou, sorrindo:

— No tempo do Mestre, semelhantes entraves não eram menores. A gloriosa missão do Senhor ia em meio, quando surgiram várias legiões de supostos discípulos da Boa-Nova, à margem das atividades evangélicas. Multidões desavoradas, ao comando de chefes que se diziam continuadores de João Batista, enxameavam nas bordas do Jordão, a se dispersarem na Palestina e na Síria. Capitães da revolta popular contra o domínio romano, após ouvirem as lições do Senhor, usavam-lhe a doutrina, criando a discórdia sistematizada, em nome da solidariedade humana, nos diversos vilarejos que circulavam o Tiberíades.

Todos erguiam flamejante verbo, asseverando falar em nome do divino Renovador.

Jesus, o Messias Nazareno, achava-se entre os homens, investido da autoridade indispensável à formação de um novo Reino.

Destruiria os potentados estrangeiros e aniquilaria os ditadores do poder.

Discursos preciosos faziam-se ouvir nos cenáculos do povo e nos quadros rústicos da natureza, exaltando a boa vontade e a comunhão das almas, o devotamento e a tolerância entre as criaturas. Milhares de ouvintes escutavam, enlevados, as pregações, extáticos e felizes, qual se já respirassem num mundo novo.

Contudo, no turbilhão dos conceitos vibrantes e nobres, alinhavam-se aqueles que, arrecadando dinheiro para socorro às viúvas e aos órfãos, olvidavam-nos deliberadamente para enriquecerem a própria bolsa, e apareciam os oportunistas que, incumbindo-se da doutrinação referente à fraternidade, utilizavam-se da frase primorosa e bem-feita para a realização das mais baixas manobras políticas.

Foi por isso que, em certo crepúsculo, quando a multidão se congregava em torno do Mestre, junto às águas, para recolher-lhe a palavra consoladora e o ensino salutar, Simão Pedro, homem afeiçoado à rude franqueza, valendo-se da grande pausa que o Eterno Benfeitor imprimira à própria narrativa, quando expunha a Parábola do Semeador, interpelou-o diretamente, indagando:

— Mestre, e que faremos dos que exploram a ideia do reino de Deus? Em muitos lugares, encontramos aqueles que formam grupos de serviço, em nome da Boa Nova nascente, tumultuando corações em proveito próprio. Agitam a mente popular e formulam promessas que não podem cumprir... Em Betsaida, temos a falange de Berequias ben Zenon, que a dirige com entusiasmo dominante, apropriando-se-vos da mensagem sublime para solicitar as dracmas de pobres pescadores, alegando destiná-las aos doentes e às viúvas, mas, embora preste auxílio a reduzido número de infortunados, guarda para si mesmo a maior parte das ofertas amealhadas e, ainda hoje, em Cafarnaum, ouvi a prédica brilhante de Aminadab ben Azor, que se prevalece de vossas lições divinas para induzir o povo à indisciplina e à perturbação, não obstante pronuncie afirmativas e preces que reconfortam o espírito dos que sofrem nos caminhos árduos da Terra... Como agir, Senhor? Será justo nos subordinemos à astúcia dos ambiciosos e à manha dos velhacos? Como relegar o Evangelho à dominação de quantos se rendem à vaidade e à avidez da posse, ao egocentrismo e à loucura?

Jesus meditou alguns instantes e replicou:

— Simão, antes de tudo, é preciso considerar que o crime confesso encontra na Lei a corrigenda estabelecida. Quem rouba é furtado, quem ilude os outros engana a si próprio, e quem fere será ferido...

— Mas, Senhor – tornou o Apóstolo –, no processo em exame, creio seja necessário ponderar que os males decorrentes da falsa propaganda são incomensuráveis... Não haverá recurso para sustá-los de imediato?

O excelso Amigo considerou paciente:

— Se há juízes no mundo que nasceram para o duro mister de retificar, aqui nos achamos para a obra do auxílio. Não podemos olvidar que os verdadeiros discípulos da Boa Nova, atentos à missão de amor que lhes cabe, não dispõem de tempo e disposição para partilhar as atividades dos irmãos menos responsáveis... Além disso, baseando-me em sua própria palavra, não estamos diante de companheiros totalmente esquecidos da caridade. Disseste que Berequias ben Zenon, pelo menos, ampara alguns infelizes que lhe cercam a estrada e que Aminadab ben Azor, no seio das palavras insensatas que pronuncia, encaixa ensinamentos e orações de valia para os necessitados de luz... E se formos sopesar as esperanças e possibilidades, os anseios e as virtudes dos milhares de amigos provisórios que os acompanham, como justificar qualquer sentença condenatória de nossa parte?

O apontamento judicioso ficou no ar, e, como ninguém respondesse, Jesus espraiou o olhar no horizonte longínquo, como quem apelava para o futuro, e ditou a Parábola do Joio e do Trigo, que consta do capítulo 13 das anotações de Mateus:

— O reino dos Céus é semelhante ao homem que semeia a boa semente em seu campo; mas, ao dormir, eis que veio o inimigo e semeou joio no meio do trigo, retirando-se após. Quando a erva cresceu e frutificou, apareceu também o joio. E os servos desse pai de família, indo ter com ele, disseram-lhe: "Senhor, não semeaste no campo a boa semente? Por que a intromissão do joio?". E ele lhes disse: "Um adversário é quem fez isso". E os servos acentuaram: "Queres, pois, que o arranquemos?". Respondeu-lhes, porém, o senhor: "Isso não, para que não aconteça extirpemos o joio, sacrificando o trigo. Deixemo-los crescer juntos até a ceifa. Nessa ocasião, direi aos trabalhadores: Colhei primeiramente o joio para que seja queimado e ajuntai o trigo no meu celeiro".

Calou-se o Cristo, pensativo...

Todavia, Simão, insatisfeito, volveu a perguntar:

— Mas... Senhor, Senhor... em nosso caso, quem colherá a verdade, separando-a da mentira?

O Mestre sorriu de novo e respondeu:

— Pedro, o tempo é o grande ceifador... Esperemos por ele, cumprindo o dever que nos compete... A vida e a justiça pertencem ao Pai e o Pai decidirá quanto aos assuntos da vida e da justiça...

E porque ninguém lhe opusesse embargo à lição, calou-se o Mestre para demandar, em seguida, outros ensinos...

Silenciou o velho Jonathan e, a nosso turno, com material suficiente para estudo, separamo-nos todos para concluir e meditar.

## ~ 35 ~
# *Carta de um morto*

Pede-me você notícias do cemitério nas comemorações de finados. E como tenho em mãos a carta de um amigo, hoje na Espiritualidade, endereçada a outro amigo que ainda se encontra na Terra, acerca do assunto, dou-lhe a conhecer, com permissão dele, a missiva que transcrevo, sem qualquer referência a nomes, para deixar-lhe a beleza livre das notas pessoais.

Eis o texto em sua feição pura e simples:

"Meu caro, você não pode imaginar o que seja entregar à terra a carcaça hirta no dia dois de novembro.

Verdadeira tragédia para o morto inexperiente.

Lembrar-se-á você de que o enterro de meu velho corpo, corroído pela doença, realizou-se ao crepúsculo, quando a necrópole enfeitada parecia uma casa em festa.

Achava-me tristemente instalado no coche fúnebre, montando guarda aos meus restos, refletindo na miserabilidade da vida humana...

Contemplando de longe minha mulher e meus filhos, que choravam discretamente num largo automóvel de aluguel, meditava naquele antigo apontamento de Salomão – "vaidade das vaidades, tudo é vaidade" –, quando, à entrada do cemitério, fui desalojado de improviso.

Da multidão irrequieta dos vivos na carne, vinha a massa enorme dos vivos de outra natureza. Eram desencarnados às centenas, que me apalpavam curiosos, entre o sarcasmo e a comiseração. Alguns me dirigiam indagações indiscretas, enquanto outros me deploravam a sorte.

Com muita dificuldade, segui o ataúde que me transportava o esqueleto imóvel e, em vão, tentei conchegar-me à esposa em lágrimas.

Mal pude ouvir a prece que alguns amigos me consagravam, porque, de repente, a onda tumultuária me arrebatou ao círculo mais íntimo.

Debalde procurei regressar à quadra humilde em que me situaram a sombra do que eu fora no mundo... Os visitantes terrestres daquela mansão, pertencente aos supostos finados, traziam consigo imensa turba de almas sofredoras e revoltadas, perfeitamente jungidas a eles mesmos.

Muitos desses Espíritos, agrilhoados aos nossos companheiros humanos, gritavam ao pé das tumbas, contando os crimes ocultos que os haviam arremessado à vala escura da morte, outros traziam nas mãos documentos acusadores, clamando contra a insânia de parentes ou contra a venalidade de tribunais que lhes haviam alterado as disposições e desejos.

Pais bradavam contra os filhos. Filhos protestavam contra os pais.

Muitas almas, principalmente aquelas cujos despojos se localizam nos túmulos de alto preço, penetravam a intimidade do sepulcro e, de lá, desfeririam gemidos e soluços aterradores, buscando inutilmente levantar os próprios ossos, no intuito de proclamar aos entes queridos verdades que o tímpano humano detesta ouvir.

Muita gente desencarnada falava acerca de títulos e depósitos financeiros perdidos nos bancos, de terras desaproveitadas, de casas esquecidas, de objetos de valor e obras de arte que lhes haviam escapado às mãos, agora vazias e sequiosas de posse material.

Mulheres desgrenhadas clamavam vingança contra homens cruéis, e homens carrancudos e inquietos vociferavam contra mulheres insensatas e delinquentes.

Talvez porque ainda trouxesse comigo o cheiro do corpo físico, muitos me tinham por vivo ainda na Terra, capaz de auxiliá-los na solução dos problemas que lhes escaldavam a mente, e despejavam sobre mim alegações e queixas, libelos e testemunhos.

Observei que os médicos, os padres e os juízes são as pessoas mais discutidas e criticadas aqui, em razão dos votos e promessas, socorros e testamentos, nos quais nem sempre corresponderam à expectativa dos trespassados.

Em muitas ocasiões, ouvi de amigos espíritas a afirmação de que há sempre muitos mortos obsidiando os vivos, mas, registrando biografias e narrações, escutando choro e pragas, tanto quanto vendo o retrato real de muitos, creio hoje que há mais vivos flagelando os mortos, algemando-os aos desvarios e paixões da carne, pelo menosprezo com que lhes tratam a memória e pela hipocrisia com que lhes visitam as sepulturas.

Tamanhos foram meus obstáculos, que não mais consegui rever os familiares naquelas horas solenes para a minha incerteza de recém-vindo, e, somente quando os homens e as mulheres, quase todos protocolares e indiferentes, se retiraram, é que as almas terrivelmente atormentadas e infelizes esvaziaram o recinto, deixando na retaguarda tão somente nós outros, os libertos em dificuldade pacífica, e fazendo-me perceber que o tumulto no lar dos mortos era uma simples consequência da perturbação reinante no lar dos vivos.

Apaziguado o ambiente, o cemitério pareceu-me um ninho claro e acolhedor, em que me não faltaram braços amigos, respondendo-me às súplicas, e a cidade, em torno, figurou-se-me, então, vasta necrópole, povoada de mausoléus e de cruzes, nos quais os Espíritos encarnados e desencarnados vivem o angustioso drama da morte moral, em pavorosos compromissos da sombra.

Como vê, enquanto a humanidade não se habilitar para o respeito à vida eterna, é muito desagradável embarcar da Terra para o Além no dia dedicado por ela ao culto dos mortos que lhe são simpáticos e antipáticos.

Peça a Jesus, desse modo, para que você não venha para cá num dia dois de novembro. Qualquer outra data pode ser útil e valiosa, desde que se desagarre daí, naturalmente, sem qualquer insulto à Lei. Rogue também ao Senhor que, se possível, possa você viajar ao nosso encontro, num dia nublado e chuvoso, porque, tratando-se de sua paz, quanto mais reduzido o séquito no enterro será melhor".

E porque o documento não relaciona outros informes, por minha vez termino também aqui, sem qualquer comentário.

## ~ 36 ~
# No aprendizado comum

Sob a inspiração de vários amigos espirituais, eminente assembleia de investigadores da sobrevivência do homem congregava-se em extenso gabinete para serviços de materialização.

Reunia-se, ali, em atitudes solenes, uma dúzia de cavalheiros bem-postos e senhoras de bom gosto, com admiráveis aparências, primando cada um no esforço de particularizar a própria personalidade.

Acompanhando as conversações, com a malícia cordial do observador que ainda se não desligou totalmente das ilusões e desenganos da carne, reconhecemos que era de pasmar a copiosa bagagem de conhecimentos no grupo expressivamente adornado.

Um professor de doutrina comentava, gostosamente, as teorias richeístas, exaltando a individualidade do fisiologista; todas as ideias mais destacáveis do famoso criador da Metapsíquica eram postas à mira, tocadas por moderna conceituação da filosofia negativista. Os livros dele foram examinados, um a um, com dilatado primor verbalístico e, logo após, um companheiro intelectualizado explanou sobre as pesquisas de Lombroso e Oliver

Lodge; médiuns dos Estados Unidos, da Inglaterra e da Itália eram apontados, um a um, com extravagantes definições. As irmãs Fox, Valientine, a senhora Roberts e Eusapia Palladino, além de outros instrumentos de nomeada, padeciam análise cruel.

É imprescindível situar a percentagem de influência do aparelho medianímico nas comunicações, exclamavam enfáticos, como se constituíssem o mais alto tribunal do mundo, para apreciação e julgamento da verdade.

Teses variadas eram trazidas a estudo.

Os raios rígidos, a emoção nervosa, as emersões do subconsciente, o hipnotismo vulgar e até o demonismo são recordados com intenso interesse.

Ochorowicz, Barrett, De Rochas e Gibier foram reverenciados com indiscutível atenção.

Uma senhora mais romântica se reportou a Flammarion e deteve-se na Astronomia, comentando as últimas observações do monte Palomar. Assinalou com dicção correta e inegável beleza o infinito da vida, que palpita nos lares suspensos, em torno de maravilhosas constelações. Sírius e Arctúrus, as nebulosas da Andrômeda e de Órion, surgem na sua palavra bem inspirada, revelando-lhe o trato minucioso com os clássicos do assunto.

Companheiros outros se referem a experiências novas na Bélgica e na França, tecendo comentários longos e nobres.

É difícil encontrar assembleia tão fundamente esclarecida em matéria de Ciência e realidade.

A visão do caminho evolutivo, a solução ao problema do ser e ao enigma da morte, o conhecimento da espiritualidade vitoriosa resplandeciam, por meio de cada frase bem-feita.

O horário do encontro entre os vivos do Além e os vivos da carne aparece no relógio comum e uma prece labial ressoa no ambiente, com todo o preciosismo gramatical de Camilo ou Herculano...

Uma centena de trabalhadores espirituais se esforça, sofre e sua para materializar uma entidade que se expõe ao trato direto com os observadores, chorando de aflição pela responsabilidade que o fenômeno envolve em sua estruturação mais íntima, demorando-se por mais de uma hora, sob o controle desagradável da reduzida assistência que, ao término dos trabalhos, relaciona vasta colheita de dúvidas venenosas...

Abre-se a porta e, em plena via pública, alguns mensageiros espirituais da caridade conduzem, até àquele punhado de príncipes da inteligência, dois homens andrajosos e famintos, suicidas potenciais, vencidos pela enfermidade negra, implorando-lhes socorro, mas ninguém, nem mesmo um só deles, se volta para os dois rebutalhos humanos, que se arrastam sem rumo.

Boquiaberto pelo que via, o Fagundes, companheiro recém-chegado ao nosso círculo, dirigiu-se a mim, perguntando:

— Meu amigo, para que se reúne esta gente, provando a sobrevivência espiritual, com tanta ideia luminosa na cabeça e tanto gelo no coração?

Convencido quanto à transcendência do assunto, e sem tempo para compridas divagações, pude apenas considerar:

— Fagundes, a rigor, não lhe posso responder. Lembro-me somente de que, em certa ocasião, a serviço de um jornal, acompanhei reduzida assembleia de magnatas da economia e da indústria, carregados de assistentes e de livros de cheques. Discutiram, por noites consecutivas, sobre a libra esterlina e sobre o dólar, com o mesmo furor com que examinavam o franco e o peso argentino, estudando processos de multiplicar as riquezas que lhes abarrotavam os cofres. Surpreendi-me ao reparar tanta ciência da vida e tanto senso na direção dos negócios que lhes diziam respeito; contudo, decorridos alguns anos, vim a saber que todos os componentes do grupo morreram de fome, castigados por úlceras cancerosas no duodeno ou no estômago.

Fagundes fitava-me de estranha maneira, enquanto me despedia, mas, até hoje, não sei se ele percebeu o que eu desejava dizer.

## ~ 37 ~
## Mensagem breve

Realmente você tem razão quando afirma que o mundo parece modificado e que precisamos imenso desassombro para viver dentro dele.

Os últimos cinquenta anos operaram gigantesca reviravolta nos costumes da Terra. A casa patriarcal que havíamos herdado do século XIX transformou-se no apartamento a dependurar-se nos arranha-céus; a locomotiva enfumaçada é quase uma joia rara de museu à frente do avião que elimina distâncias; a gazeta provinciana foi substituída pelos jornais da grande imprensa; e os saraus caseiros desapareceram, ante a invasão do rádio, cuja programação domina o mundo.

O automóvel, o transatlântico, o cinema e a televisão constituem outros tantos fatores de informe rápido, alterando a mente do povo em todos os climas.

E a garantia dos cidadãos? Em quase todos os países, há leis de segurança para empregados e patrões, homens e mulheres, jovens e crianças.

Há direitos de greve, licença, litígio e descanso remunerado.

Existem capitães da indústria e comércio, acumulando riquezas mágicas de um dia para outro, desde que não soneguem o imposto relativo aos monopólios que dirigem contra a harmonia econômica.

Temos operários desfrutando inexplicável impunidade, na destruição das casas em que trabalham, com a indisciplina protegida em fundamentos legais.

Há jovens amparados na difusão da leviandade e da mentira, sem qualquer constrangimento por parte das forças que administram a vida pública.

Não estamos fazendo pessimismo.

Sabemos que o mundo permanece sob o governo místico das rédeas divinas e não ignoramos que qualquer perturbação é fenômeno passageiro, em função de reajuste da própria região onde surge o desequilíbrio.

Com as nossas observações, tão somente nos propomos reconhecer que a criatura humana de nossa época está mais livre e, por isso, mais destacada em si mesma.

Nos grandes períodos de transição, qual o que estamos atravessando, somos como que chamados pela Sabedoria divina a provar nossa madureza interior, nossa capacidade de autodireção.

Daí resulta a desordem aparente, em que somos compelidos à revelação da própria individualidade.

Na organização coletiva, no grupo social, na equipe de trabalho ou no reduto doméstico, vê-se o homem de hoje obrigado a mostrar-se tal qual é, classificando-se, de imediato, pela própria conduta.

As dissensões, os conflitos, as lutas e os embates de todas as procedências oferecem a impressão de caos, provocando a gritaria dos profetas da decadência, e, por isso mesmo, as almas que não se armaram de fé e que não se sustentaram fiéis às raízes simples da vida sofrem pavorosos desastres psíquicos, que as situam nos escuros domínios da alienação mental.

Cresce a loucura em todas as direções.

O hospício é a última fronteira dos enfermos do espírito, uma vez que se agitam eles em todos os setores de nosso tempo, à maneira de consciências que, impelidas ao autoexame, tentam fugir de si mesmas, humilhadas e estarrecidas.

Em razão disso, creia que o melhor caminho para não cair nas mãos dos psiquiatras é o ajustamento real de nossa personalidade aos princípios cristãos que abraçamos, porque o problema é da alma e não da carne.

Não precisaremos discutir.

A hora atual da Terra é inegavelmente dolorosa, mas a tempestade de hoje passará, como as de ontem.

Refugiemo-nos em Cristo.

O Senhor é a nossa fortaleza.

Se tivermos bastante coragem de viver o Cristianismo em sua feição pura, na condição de solitários carregadores de nossa cruz, poderemos encarar valorosamente a crise e dizer-lhe num sorriso confiante: "Vamos ver quem pode mais".

## ~ 38 ~
## *Explicando*

Não, meu amigo. Quando me desvencilhei do corpo físico, há quase vinte anos, o título de "espírita" não me classificava as convicções.

Como acontece a muita gente boa, acreditava mais no que via com os meus olhos e tateava com as minhas mãos. Lia o Evangelho de Jesus e compulsava as impressões de vários experimentadores da sobrevivência; entretanto, sem objetivos sérios de estudo, e sim na extravagância das gralhas da inteligência que vão à lavoura do espírito, gritando inutilmente e bicando aqui e ali para perturbar o crescimento das plantas e prejudicar-lhes a produção.

Era um homem demasiadamente ocupado com a Terra para devotar-me às revelações do Céu.

Meus pensamentos jaziam tão vigorosamente encarnados nas preocupações mundanas, que nem a força hercúlea da enfermidade conseguia deslocar-me para as visões íntimas da vida superior.

Ilhado na fortaleza de minha pretensa superioridade intelectual, ria ou chorava nas letras, acreditando, porém, que a fé seria apanágio das criaturas ignorantes e simples, indigna dos cérebros mergulhados em maiores cogitações.

Situava-me entre a dúvida e a ironia, quando a morte, na condição de meirinho da Justiça divina, me intimou a comparecer no tribunal da realidade, mais cedo que eu supunha, e somente então comecei a interessar-me pelo gigantesco esforço dos homens de boa vontade que, nos mais diversos climas do planeta, se dedicam hoje à solução dos enigmas inquietantes do destino e do ser.

O túmulo não é apenas a porta de cinza.

Morrer não é terminar.

E, banhado ao clarão da verdade, por mercê de Deus, incorporei-me à imensa caravana dos que despertam e trabalham na recuperação de si mesmos.

Não estranhe, pois, se continuo em minha faina de escritor humilde, tentando nortear as minhas faculdades no rumo do bem.

É o que posso fazer, porquanto não disponho de especialização adequada para outro mister.

Você pergunta por que me consagro presentemente ao Espiritismo com Jesus, quando fui intérprete da literatura fescenina, lançando vários livros picantes, e político apaixonado na corrente partidária a que me filiei, como defensor dos interesses de minha terra.

Creia que, realmente, errei muito.

Nem sempre consegui equilibrar-me na corda bamba das convenções terrestres e, muita vez, caí escandalosamente em pleno espetáculo, à frente daqueles que me aplaudiam ou me apupavam.

Entretanto, a morte constrangeu-me ao reajustamento íntimo.

Acordei para um dia novo e procuro comunicar-me com os que ainda se encontram nas sombras da noite.

Admito que poderia fazer coisa pior.

Se me deixasse vencer pela tentação, efetivamente integraria a vasta fileira dos Espíritos obstinados na perversidade que lhes é própria, cavalgando os ombros de meus desafetos.

Algo, porém, amadureceu dentro de mim.

Aquilo que me trazia prazer causa-me agora repugnância.

A experiência mostrou-me a parte inútil de minha vida e, por acréscimo de bondade do Senhor, voltei ao campo de minha própria sementeira, não mais para deslustrar o serviço da natureza, mas para colaborar com o bem, a favor de mim mesmo.

É por essa razão que ainda estou escrevendo...

Convença-se, contudo, de que não possuo mais no vaso do coração a tinta escura do sarcasmo e esteja certo de que me sinto excessivamente distante de qualquer milagre de sublimação.

Sou apenas um homem... desencarnado, com o sadio propósito de regenerar-me.

Depreenderá você, portanto, desta confissão, que em hipótese alguma poderia inculcar-me por guia espiritual dos meus semelhantes.

A sepultura não converte a carne que ela engole, voraz, em manto de santidade.

Somos depois da morte o que fomos, e muita gente, que anda aí mascarada, aqui encontra recursos para ser mais cruel.

Quanto a mim, rendo graças a Deus por achar-me na condição de pecador arrependido, esmurrando o próprio peito e clamando: "mea culpa, mea culpa..."

Nosso orientador real é o Cristo, Nosso Senhor.

Sem Ele, sem a nossa aplicação aos seus ensinos e exemplos, respiraremos sempre na antiga cegueira que nos arroja aos despenhadeiros do infortúnio.

Procuremo-lo, pois, e ajudemo-nos uns aos outros, e você, que com tanta generosidade se interessa pela minha renovação, não se esqueça das oito letras de luz que brilham sobre o seu nome. Ser "espírita" é continuar com Jesus o apostolado da redenção. E que você prossiga com o Mestre, amando e servindo, no constante incentivo ao bem, é tudo de mais nobre que lhe posso desejar.

## 39
## Versão moderna

E, respondendo ao companheiro que lhe havia solicitado a tradução do Sermão do Monte, em linguagem moderna, o velhinho amigo deteve-se no capítulo 5 do apóstolo Mateus, e falou, com voz cheia e vibrante:

"Bem-aventurados os pobres de ambições escuras, de sonhos vãos, de projetos vazios e de ilusões desvairadas, que vivem construindo o bem com o pouco que possuem, ajudando em silêncio, sem a mania da glorificação pessoal, atentos à vontade do Senhor e distraídos das exigências da personalidade, porque viverão sem novos débitos, no rumo do Céu que lhes abrirá as portas de ouro, segundo os ditames sublimes da evolução.

Bem-aventurados os que sabem esperar e chorar, sem reclamação e sem gritaria, suportando a maledicência e o sarcasmo, sem ódio, compreendendo nos adversários e nas circunstâncias que os ferem abençoados aguilhões do socorro divino, a impeli-los para diante, na jornada redentora, porque realmente serão consolados.

Bem-aventurados os mansos, os delicados e os gentis que sabem viver sem provocar antipatias e descontentamentos, mantendo os pontos de vista que lhes são peculiares, conferindo, porém, ao próximo, o mesmo direito de pensar, opinar e experimentar de que se sentem detentores, porque, respeitando cada pessoa, cada coisa em seu lugar, tempo e condição, equilibram o corpo e a alma, no seio da harmonia, herdando longa permanência e valiosas lições na Terra.

Bem-aventurados os que têm fome e sede de justiça, aguardando o pronunciamento do Senhor, por meio dos acontecimentos inelutáveis da vida, sem querelas nos tribunais e sem papelórios perturbadores que somente aprofundam as chagas da aflição e aniquilam o tempo, trabalhando e aprendendo sempre com os ensinamentos vivos do mundo, porque, efetivamente, um dia serão fartos.

Bem-aventurados os misericordiosos, que se compadecem dos justos e dos injustos, dos ricos e dos pobres, dos bons e dos maus, entendendo que não existem criaturas sem problemas, sempre dispostos à obra de auxílio fraterno a todos, porque, no dia de visitação da luta e da dificuldade, receberão o apoio e a colaboração de que necessitem.

Bem-aventurados os limpos de coração que projetam a claridade de seus intentos puros sobre todas as situações e sobre todas as coisas, porque encontrarão a 'parte melhor' da vida, em todos os lugares, conseguindo penetrar a grandeza dos propósitos divinos.

Bem-aventurados os pacificadores que toleram sem mágoa os pequenos sacrifícios de cada dia, em favor da felicidade de todos, e que nunca atiçam o incêndio da discórdia com a lenha da injúria ou da rebelião, porque serão considerados filhos obedientes de Deus.

Bem-aventurados os que sofrem a perseguição ou a incompreensão, por amor à solidariedade, à ordem, ao progresso e à paz, reconhecendo, acima da epiderme sensível, os sagrados interesses da humanidade, servindo sem cessar ao engrandecimento do espírito comum, porque, assim, se habilitam à transferência justa para as atividades do plano superior.

Bem-aventurados todos os que forem dilacerados e contundidos pela mentira e pela calúnia, por amor ao ministério santificante do Cristo, fustigados diariamente pela reação das trevas, mas agindo valorosos, com paciência, firmeza e bondade pela vitória do Senhor, porque se candidatam, desse modo, à coroa triunfante dos profetas celestiais e do próprio Mestre que não encontrou, entre os homens, senão a cruz pesada, antes da gloriosa ressurreição".

A essa altura, o iluminado pregador passeou o olhar percuciente e límpido pelo nosso grupo e, finda ligeira pausa, fixou nos lábios amplo e belo sorriso, rematando serenamente:

— Rejubilem-se, cada vez mais, quantos estiverem nessas condições, porque, hoje e amanhã, são bem-aventurados na Terra e nos Céus...

Em seguida, retomou o passo leve para a frente, deixando-nos na estranha quietude e na indagação oculta de quem se dispõe a pensar.

## ~ 40 ~
# Oração diante do tempo

Senhor Jesus!
Diante do calendário que se renova, deixa que nos ajoelhemos para implorar-te compaixão.

Tu que eras antes que fôssemos, que nos tutelaste, em nome do Criador, na noite insondável das origens, não desvies de nós teu olhar, para que não venhamos a perder o adubo do sangue e das lágrimas, oriundo das civilizações que morreram sob o guante da violência!...

Determinaste que o tempo, à feição de ministro silencioso de tua justiça, nos seguisse todos os passos...

E, com os séculos, carregamos o pedregulho da ilusão, dele extraindo o ouro da experiência.

Do berço para o túmulo e do túmulo para o berço, temos sido senhores e escravos, ricos e pobres, fidalgos e plebeus.

Entretanto, em todas as posições, temos vivido em fuga constante da verdade, à caça de triunfo e dominação para o nosso velho egoísmo.

Na governança, nutríamos a vaidade e a miséria.

Na subalternidade, alentávamos o desespero e a insubmissão.
Na fortuna, éramos orgulhosos e inúteis.
Na carência, vivíamos intemperantes e despeitados.
Administrando, alongávamos o crime.
Obedecendo, atendíamos à vingança.
Resistíamos a todos os teus apelos, em tenebrosos labirintos de opressão e delinquência, quando vieste ensinar-nos o caminho libertador.
Não te limitaste a crer na glória do Pai celeste.
Estendeste-lhe a incomparável bondade.
Não te circunscreveste à fé que renova.
Abraçaste o amor que redime.
Não te detiveste entre os eleitos da virtude.
Comungaste o ambiente das vítimas do mal, para reconduzi-las ao bem.
Não te ilhaste na oração pura e simples.
Ofertaste mãos amigas às necessidades alheias.
Não te isolaste, junto à dignidade venerável de Salomé, a venturosa mãe dos filhos de Zebedeu.
Acolheste a Madalena, possuída de sete gênios sombrios.
Não consideraste tão somente a Bartimeu, o mendigo cego.
Consagraste generosa atenção a Zaqueu, o rico necessitado.
Não apenas aconselhaste a fraternidade aos semelhantes.
Praticaste-a com devotamento e carinho, da intimidade do lar ao sol meridiano da praça pública.
Não pregaste a doutrina do perdão e da renúncia exclusivamente para os outros.
Aceitaste a cruz do escárnio e da morte, com abnegação e humildade, a fim de que aprendêssemos a procurar contigo a divina ressurreição...
Entretanto, ainda hoje, decorridos quase vinte séculos sobre o teu sacrifício, não temos senão lágrimas de remorso e arrependimento para fecundar o Saara de nossos corações...

Em teu nome, discípulos infiéis que temos sido, espalhamos nuvens de discórdia e crueldade nos horizontes de toda a Terra! É por isso que o tempo nos encontra hoje tão pobres e desventurados como ontem, por desleais ao teu Evangelho de Redenção.

Não nos deixes, contudo, órfãos de tua bênção...

No oceano encapelado das provações que merecemos, a tempestade ruge em pavorosos açoites... Nosso mundo, Senhor, é uma embarcação que estala aos golpes rijos do vento. Entre as convulsões da procela que nos arrasta e o abismo que nos espreita, clamamos por teu socorro! E confiamos em que te levantarás luminoso e imaculado sobre a onda móvel e traiçoeira, aplacando a fúria dos elementos e exclamando para nós, como outrora disseste aos discípulos aterrados: "Homens de pouca fé, por que duvidastes?".

**FEB editora**
Livro espírita para um novo mundo
www.febeditora.com.br
@febeditoraoficial
@febeditora

Conselho Editorial:
*Carlos Roberto Campetti*
*Cirne Ferreira de Araújo*
*Evandro Noleto Bezerra*
*Geraldo Campetti Sobrinho – Coord. Editorial*
*Jorge Godinho Barreto Nery – Presidente*
*Maria de Lourdes Pereira de Oliveira*
*Miriam Lúcia Herrera Masotti Dusi*

Produção Editorial:
*Elizabete de Jesus Moreira*

Revisão:
*Davi Miranda*
*Perla Serafim*

Capa, Projeto Gráfico e Diagramação:
*Ingrid Saori Furuta*

Foto da Capa:
*Zemdega | istockphoto.com*

Normalização Técnica:
*Biblioteca de Obras Raras e Documentos Patrimoniais do Livro*

| \multicolumn{4}{c}{CARTAS E CRÔNICAS} |
|---|---|---|---|---|

| EDIÇÃO | IMP | ANO | TIRAGEM | FORM |
|---|---|---|---|---|
| 1 | 1 | 1966 | 5.000 | 13x18 |
| 2 | 1 | 1967 | 5.000 | 13x18 |
| 3 | 1 | 1974 | 10.000 | 13x18 |
| 4 | 1 | 1979 | 10.000 | 13x18 |
| 5 | 1 | 1984 | 5.100 | 13x18 |
| 6 | 1 | 1986 | 10.200 | 13x18 |
| 7 | 1 | 1988 | 10.200 | 13x18 |
| 8 | 1 | 1991 | 10.000 | 13x18 |
| 9 | 1 | 1996 | 10.000 | 13x18 |
| 10 | 1 | 2002 | 3.000 | 12,5x17,5 |
| 11 | 1 | 2006 | 1.000 | 12,5x17,5 |
| 12 | 1 | 2007 | 1.000 | 12,5x17,5 |
| 12 | 2 | 2008 | 200 | 12,5x17,5 |
| 13 | 1 | 2009 | 3.000 | 14x21 |
| 13 | 2 | 2009 | 2.000 | 14x21 |
| 13 | 3 | 2010 | 2.000 | 14x21 |
| 13 | 4 | 2012 | 2.500 | 14x21 |
| 14 | 1 | 2013 | 2.000 | 14x21 |
| 14 | 2 | 2014 | 1.000 | 14x21 |
| 14 | 3 | 2015 | 1.000 | 14x21 |
| 14 | 4 | 2017 | 1.500 | 14x21 |
| 14 | 5 | 2019 | 1.000 | 14x21 |
| 14 | POD* | 2022 | POD | 14x21 |
| 14 | IPT** | 2022 | 600 | 14x21 |
| 14 | IPT | 2023 | 400 | 14x21 |
| 14 | IPT | 2024 | 500 | 14x21 |
| 14 | 10 | 2024 | 500 | 14x21 |

*Impressão por demanda
**Impressão pequenas tiragens

Esta edição foi impressa pela Gráfica e Editora Qualytá Ltda., Brasília, DF, com tiragem de 500 exemplares, todos em formato fechado de 140x210 mm e com mancha de 104x168 mm. Os papéis utilizados foram o Off white bulk 58 g/m² para o miolo e o Cartão 250 g/m² para a capa. O texto principal foi composto em fonte Adobe Garamond Pro 12/14,4 e os títulos em Adobe Garamond Pro 28/26. Impresso no Brasil. *Presita em Brazilo.*